STARTUP
BUSINESS

スタートアップビジネス
MBA講座

明治大学ビジネススクール 編

同文舘出版

まえがき

「日本経済の長期的低迷を打破するためには，事業イノベーションの実現とスタートアップビジネスの創出が不可欠である」。今や，こうした議論に異論を挟む経営者やビジネスパーソンは少ないでしょう。

日本政府も2022年を「スタートアップ創出元年」と定め，スタートアップ企業への投資を５年で10倍に増やす計画を掲げています。そしてその実現のために，税制の改正，人材・ネットワークの構築整備，重点分野別の支援制度や基金の設立，資金供給体制の強化や表彰制度の整備等，さまざまな施策を打ち出しています。また，それ以前から，地方自治体や民間主体のさまざまなスタートアップ支援制度が動いており，日本においてもスタートアップビジネスを醸成する環境作りが進んでいます。

また，2024年２月の経済産業省による「スタートアップ育成に向けた政府の取組」という資料によれば，国内スタートアップの資金調達額は直近10年間で約10倍，新規公開会社数も直近９年間で約２倍に成長し，時価総額10億ドル以上のユニコーン企業が７社出現，大学発ベンチャー企業や大学生のスタートアップ企業への就職希望者も毎年増加しています。

一方，IT企業が集まるアメリカのシリコンバレーで使われ始めたスタートアップという言葉は，日本では，さまざまに解釈され，誤解や誤認を生んでいる場面も多いと感じます。実際，スタートアップブームに乗って起業した，あるいは，スタートアップ企業に夢を感じて勤めたものの，現実とのギャップに苦しむ若者も少なくないのが現状です。

そうした状況を打破するためには，スタートアップビジネスの本質的理解を深めることが重要です。また，財務，人事，マーケティング，会計，税務など，スタートアップビジネス経営に必要な多様な経営ノウハウの取得が求められます。

本書の概論編（第１部）では，スタートアップビジネス経営で押さえなければならない基本要素をさまざまな角度から考察します。まず，スタートアップビジネスの定義を明確にした上で，その現状と課題を論じ，スタートアップビジネスの存在意義とそれを生み出すエコシステムについて理解を深めます。次に，スタートアップ企業の各成長フェーズにおける人材と組織の課題とその対応について論じます。さらに，スタートアップ企業の資金調達における主要概念と事業価値評価の考え方を検討します。そしてスタートアップビジネスに対する税制や事業業態に応じた税務対応について整理した上で，あるべき起業家精神について論じます。

一方，ケース編（第２部）では，スタートアップビジネス企業に対する現場取材に基づき，実際の経営に即した実務的な示唆を導き出します。「JINS—進化するアイウエアビジネスと地域創生」，「みんなの銀行—超保守的業界からいかにしてデジタルバンクが生まれたか」，「炎重工—大学発外部資源活用型起業」，「マネーフォーワード—スタートアップのパブリック・アフェアーズ」，「iYell—リーダー企業が不在の巨大市場に挑むスタートアップ」，「創業手帳—起業と資金調達事情」等，多様な業種・環境にある企業のケースを多面的な視点から分析を行うことで，スタートアップビジネス経営の真相に迫っていきます。

われわれ明治大学ビジネススクールは，企業の経営者や上級幹部として組織のマネジメント全般を担うビジネスプロフェッショナルの育成，ファミリービジネス発展のための経営者，後継者およびサポート人材の育成，新規事業や第二創業を含むスタートアップビジネスを担うイノベーション人材の育成を行っています。そして，数年前からファミリービジネスとスタートアップビジネスという２つのクラスターを設置し，注力分野としてきました。

本書は，2019年出版の前著『ファミリービジネス：MBA講座』に続き，明治大学ビジネススクールの教授，講師陣の知を結集し，共著としてまとめたものです。

まだまだ研究途上の分野も多々ありますが，本書がスタートアップビジネスに取り組む経営者，これからスタートアップビジネス設立を目指す方々，さまざまな企業で事業イノベーションに取り組む方々や研究者に少しでもお役に立てれば幸いです。

最後になりますが，同文舘出版株式会社専門書編集部の青柳裕之さん，有村知記さんには，読者と編集者の眼から編集上のアドバイスを含めさまざまな助言をいただきました。ここに改めて，感謝の意を表します。

2024年５月

著者一同

目次

第3章　スタートアップのためのファイナンス

第5章　起業家精神とリーダーシップ

第2部 ケース編

case ① JINS
進化するアイウエアビジネスと地域創生

case ② みんなの銀行
超保守的業界からいかにしてデジタルバンクが生まれたか

case ③ 炎重工
大学発外部資源活用型起業

case ⑥ 創業手帳
起業と資金調達事情

第1部

概論編

概論編では，スタートアップビジネス経営で押さえなければならない基本要素をさまざまな角度から考察する。まず，スタートアップビジネスの定義を明確にしたうえで，その現状と課題を論じる。さらに，スタートアップビジネスの存在意義とそれを生み出すエコシステムについて理解を深める。次に，スタートアップ企業の各成長フェーズにおける人材と組織の課題とその対応について論じる。さらに，スタートアップ企業の資金調達における主要概念と事業価値評価の考え方を検討する。そしてスタートアップビジネスに対する税制や事業業態に応じた税務対応について整理した上で，あるべき起業家精神について論じる。

第1章

スタートアップの特徴とエコシステム

●本章のねらい●

スタートアップは新規雇用を創出するとともに，既存市場の競争を促すことで市場の効率性を高め，イノベーションを通じて経済の新陳代謝を促すといわれる（Fritsch and Mueller 2004）。そのため，多くの国々でベンチャー支援が積極的に行われ，スタートアップに関わるさまざまなステークホルダーを惹きつけるためのグローバルな都市間競争が展開されている。こうした中，日本においても長期間にわたる経済停滞を打破するための重要施策の１つとして，スタートアップの育成・支援が位置づけられている。

本章は日本におけるスタートアップの現状と課題について理解を深めることを目的とする。まず，日本経済の現状を概観することでスタートアップが注目される背景について明らかにするとともに，スタートアップの特徴について整理する。スタートアップの創出には，アントレプレナーシップ（企業家精神）を有した人材を育てるための仕組みに加えて，起業態度の形成へ向けた取組み，さまざまな機関や専門家が一体となって起業を支援するスタートアップ・エコシステムの形成などが必要となることを理解する。そのうえで，スタートアップの創出を単発的なものではなく連続的な価値創出につなげていくためには，世界中から優秀な人材を惹きつけるための基盤となる魅力的な都市の創造が不可欠であることを指摘する。

キーワード

スタートアップ，イノベーション，企（起）業家，起業態度と起業活動，
スタートアップ・エコシステム

1 はじめに

失われた30年といわれるように日本経済は長引く停滞が続いており，いまだその出口は見えていない。一般的に，経済成長は生産要素である資本および労働の増加と全要素生産性（TFP）の伸びによって説明されるが，急速に少子高齢化が進展し，長年にわたり労働生産性が低迷している日本にとっては，資本資産性の向上に加えて労働の質の改善やイノベーションすなわち全要素生産性の向上が重要となる[(1)]。また，国の経済成長の水準は，制度や規制，金融市場の効率性，労働市場の流動性，国内の市場の開放度など企業活動の環境要因のみではなく，既存の環境に対して能動的に行動する企業家（アントレプレナー）によって社会に新たな価値が創造されることによっても影響を受ける[(2)]。

こうした企業家によるスタートアップは，社会に新たな価値を創出するような新技術やサービスの苗床となり，成長の過程で新規雇用を創出する（Fritsch and Mueller 2004）。また，スタートアップの出現は既存市場の競争を促し，経済の新陳代謝に寄与することで市場の効率性を高めることになるため，多くの国々においてスタートアップの育成や発展のためのさまざまな環境整備が進められている。これまで，日本においても，ベンチャー支援を中心として人材の育成や起業家教育，さまざまな法制度の整備や特別買収会社（Special Purpose Acquisition Company: SPAC）の活用やスタートアップ・エコシステムの整備の重要性などが議論されつつあるものの，いまだ十分な成果が出ているとは言えない。

こうした中，日本政府は，2022年に「スタートアップ創出元年」というコンセプトを打ち出し，長期間にわたる経済停滞を打破するための経済対策の1つとしてスタートアップ育成・支援を明確に位置付けた。具体的には，スタートアップ創出に向けた人材やネットワークの構築，資金供給の充実と出口戦略の支援，オープンイノベーションの推進などが挙げられている。また，時価総額が10億ドル超の未上場企業であるユニコーン企業数を5年後には100社にすることを目指し，そのうち時価総額が100億ドル超の未上場企業であるデカコーン企業を2社にする計画である（松田・長谷川 2023）。こうした目標を達成するために，政府による出資機能の強化を図ることで，欧米と比較した場合に大幅に見劣りするスタートアップへの投資額を５年後の2027年には10兆円規模とする予定である（内閣府 2023）[(3)]。

2 スタートアップの現状

（1）スタートアップとは

現在までのところ，スタートアップが何を指すのかという点について必ずしも明確なコンセンサスが形成されているわけではないが，政策・研究・実務におけるスタートアップへの注目度が高まるにつれて，専門家以外の間でも徐々にスタートアップという用語に対する理解が整理されつつある。

創業後の企業は「スタートアップ期」,「成長期」,「成熟期」,「安定期」という段階を経るとされるが（Timmons 1994），1980年代まではスタートアップは，こうした企業の発展段階プロセスと関連づけて理解されてきた。つまり，スタートアップという用語は，新たに設立された企業や新しく事業を立ち上げた初期のビジネス一般を指すスタートアップ期を総称して用いられており，初期の研究では，スタートアップは，法的な新しさ，つまり「以前は存在していなかった全く新しい企業の創設」を意味していた。

また，スタートアップは中小企業と同じような意味で用いられることもあるが，中小企業基本法では，業種ごとに資本金および従業員数で一定の規模以下の事業者を中小企業（small and medium-sized enterprises: SMEs）としているのに対して，スタートアップには中小企業のように，業種ごとに従業員数や資本金額といった定量的な基準が法的に定められているわけではない。先述したように，岸田文雄政権は2022年を「スタートアップ創出元年」と位置付け，日本の活力を取り戻すための政策を強化しようとしているが，あらゆるタイプの起業や新しく立ち上げる事業をすべてスタートアップに含めて議論をすることになると，既存企業における多種多様な新規事業に加えて，飲食店や相続した土地でのアパート経営など必ずしも規模の拡大を意図していない事業もすべて含まれることになる。

この点について，「ハイテク・スタートアップ」の経営戦略について国際比較を行った田路（2021）は，ハイテク・スタートアップを「経済的基盤を築けるまで成長できた場合には，多くの雇用を生み，技術変化を普及させ，自ら作り出したイノベーションのカルチャーをあらゆる経営体に波及させていくような潜在的影響力を持ちうる中小企業」と定義することで，スタートアップをそれ以外の中小企業と峻別している。また，経済産業省はスタートアップを「成長スピードが速い」，「ビジネスに斬新性があり，イノベーション社会貢献を意識している」，「出口戦略（イグジット）を検討している」という3つの特徴を有したものとして理解している（経済産業省中国経済産業局 2019）。

このように，現在では，研究の多くがスタートアップをイノベーションと結び付けて理解するようになったといわれるが（Bessant and Tidd 2015），スタートアップに期待されるイノベーションは通常の事業と比べるとより大きなリスクや不確実性を伴うため，事業が一定期間でスケールする可能性がなくてはならない。また，スタートアップは現在コントロールしている経営資源にとらわれることなく，従来とは異なる方法で未知の分野の新たなビジネス機会を追求するアントレプレナーによって担われることになることから（清水 2022），既存事業の延長線上にある事業のように必ずしも顧客のセグメントやターゲティングが明確になっているわけではなく，イノベーティブな新製品・サービスの開発や新規市場開拓には一定規模の資金調達が必要となる。そのため，銀行融資による資金調達を行うことで安定的事業継続に重点を置くことの多い中小企業と比べると未知の事業に対する不確実性が大きく増幅することから，株式等によって投資家から資金を調達する必要が生じる。この点について，実証研究を行った穴井（2022, 50頁）は，スタートアップは「株式による資金調達を行うことによって，起業家は投資家から強い成長プレッシャーと成長支援を受ける」ことになると指摘し，スタートアップを「株式により資金調達を行い，革新的事業で高成長を目指す企業である」と定義している。

こうしたリスクマネーの供給がベンチャー企業の創出や支援に不可欠であることから，従前より日本でもさまざまな施策が講じられてきている。現在は2013年ごろから続いている「第四次ベンチャーブーム」であるとされるが，最近では「スタートアップ4.0」とも呼ばれている（松田・長谷川 2023）。また，2014年から開催されている「日本ベンチャー大賞」は，岸田政権がスタートアップ支援を重要施策としていることもあって，2022年より「日本スタートアップ大賞」に名称が変更された。ここから理解できるように，日本ではベンチャーもスタートアップもほぼ同義で用いられてきたといえる（松田・長谷川 2023; 清水 2022）[4]。

以上見てきたように，スタートアップという用語は，一般的には企業の発展段階における初期のプロセスとして位置付けられ，中小企業との区別も曖昧なまま用いられることが多かった。研究者の間では，法人化，イノベーション，成長，リスクおよび不確実性といったキーワードとの関連で定義付けられてきたが（Zaeem-Al Ehsan 2021）[5]，近年では急成長を目的とした事業展開をするという点を強調して事業開始後の年数（age of incorporation）が定義に含まれるケースが増えている。こうした特徴についてスタートアップと一般的な中小・零細企業を比較すると，**図表1-1**のように示すことができ，スタートアップでは短期間に大きなリターンを得ることのできる指数関数的な成長（Jカーブ）を企図して事業が行われるのに対して，一般的な中小・零細企業ではより着実に線形的な成長を目指した経営をしている。

図表1-1　スタートアップの特徴

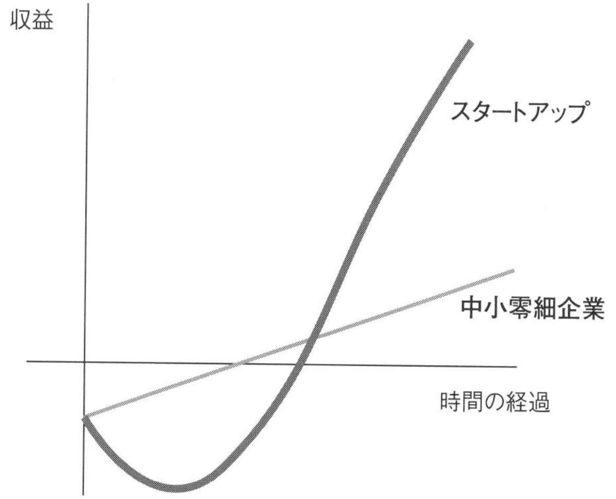

出所：筆者作成。

本章では，これらの特徴を踏まえたうえでスタートアップを「現有の資源に限られることなく新しい技術やサービスを社会に実装するためにスピード感をもって大きく成長する（scale）ことを意図し，場合によってはイグジット戦略を検討している企業」として定義する。そのため基本的には事業の大きな拡大が見込めない場合や，もともとスケールすることを目的としていないような場合はスタートアップとは呼ばないが，必ずしも革新的なテクノロジーや模倣困難な技術を自社で有していない場合でも，その事業やビジネスモデルが短期間に大きな成長可能性があり，そうした成長を意図しながらも，社会に新たな価値をもたらすものであれば，スタートアップに含むものとする。

（2）日本経済の課題とスタートアップの重要性

日本の開廃業率や雇用の流動性は米国や欧州の主要国などと比べて低く（**図表1-2**），起業に対する関心も薄く起業活動も低調であるといわれる（GEM 2022）。また，日本は労働生産性もOECD加盟国の中でも低くなっており（**図表1-3**），1990年代後半にはマイナス，2000年代に入ると比較的高い数値を示したものの2006年以降は再び低下している[7]。

労働生産性の成長率は，資本装備率と生産技術のレベルや技術進歩を示すTFPの成長率に分解できるが，八木ほか（2022）の研究においても，日本では資本装備率及びTFPの両面において成長率が鈍化していることが示されており，労働生産性を高めるには企業の積極的な投資を促すことで資本装備率を向上させるか，技術革新や資本の利用効率を高めることでTFPを高める必要がある。

ここで生産性の向上とは，既存の商品の生産をより少数の労働力で実現することであるため人員削減と結びつけて解釈されることもあるが，それは特定の状況で生産性の向上に必要となる一例に過ぎない。生産性の向上とは，一定の資源を活用してより大きな経済的な価値をもたらすことであり，社会に新しい財やサービスを供給すること，環境への負担やエネルギー消費を増やすことなく同時に財やサービスの供給を拡大すること，健康で仕事に従事することが出来る高い医療水準の提供や限られた土地の制約で国際競争力のある食料生産を行うなどのすべてが生産性の向上であり，それを実現するためには，新技術の

図表1-2　主要国の開業率と廃業率

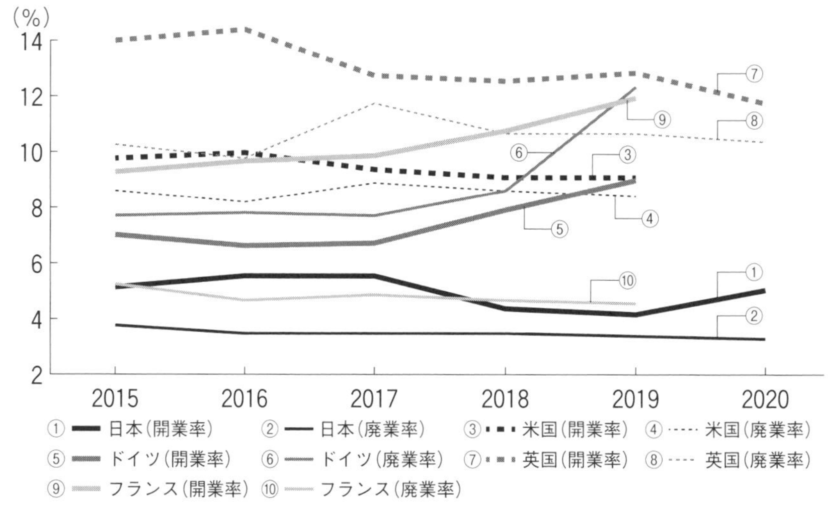

出所：中小企業庁（2022）を基に筆者作成。

図表1-3　労働生産性の国際比較（単位:USD）

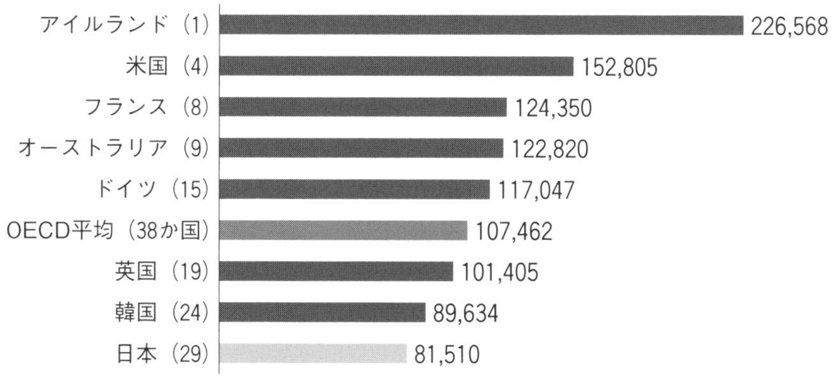

出所：日本生産性本部（2022）を基に筆者作成。

開発と利用による課題解決，すなわちイノベーションが必須となる（長岡2011）。

こうしたイノベーションの創出においてスタートアップが果たす役割に対す

る期待は大きく，米国では情報技術やライフサイエンスなどの分野において新規参入や成長を支える制度的・組織的な環境が整備され，いまやスタートアップが米国経済の成長の主役となりつつある。たとえば，世界の企業の株式時価総額のランキングをみてみると，日本企業は1989年には上位50社のうち約65%にあたる32社を占めていたが，2023年度のランキングでは上位50社に日本企業はトヨタのみである（**図表1-4**）。これに対して，米国はアップルなどのITプラットフォーマーや電気自動車のテスラなど31社が名を連ねており，中国企業もテンセントやアリババグループなど4社が上位50社にランクインしている。

このように過去30年の間に株式時価総額という基準では日本企業の競争力は大きく損なわれているようにみえるが，その理由の1つとしてスタートアップの活動の差を上げることができる。例えば，さきほどの株式時価総額のランキングの上位10社の内訳を見てみると，そのうち8社がグローバルレベルで影響力のあるスタートアップである。

実際に，ここ10年間の米国株式のインデックス（米国S&P）は大きく上昇しているが，こうした上昇の大部分は，アルファベット（Google），アップル，メタ（Facebook），アマゾン，マイクロソフトなど急成長することでいまや世

図表1-4　世界株式時価総額ランキングの比較（1989・2023）

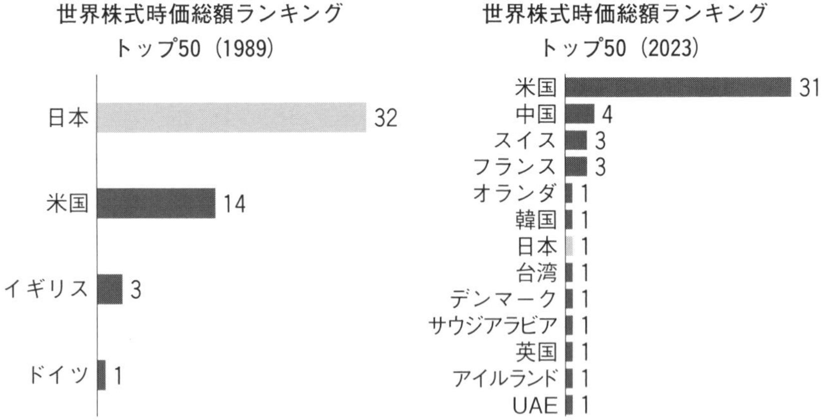

出所：Startup DB（https://journal.startup-db.com/articles/marketcap-global），世界時価総額ランキング（https://www.180.co.jp/world_etf_adr/adr/ranking.htm）（いずれも最終閲覧日：2023年12月17日）を基に筆者作成。

界を代表する大企業となったスタートアップから生み出されたものである。**図表1-5**は日本（TOPIX）と米国（S&P）における直近10年間の株式市場のパフォーマンスについて，TOPIX，S&P5（GAFAM），GAFAMを除いたS&P495のパフォーマンスをそれぞれ折れ線グラフで示したものである。この図に示されているように，株式市場における経済活動の活力はS&P495に含まれる既存の企業群によって創出されているわけではなく，スタートアップから大きく成長したGAFAMと呼ばれるような企業群がその駆動力となっている（松田・長谷川 2023）。

続いて，急成長を果たすスタートアップが新規雇用の創出に果たす可能性について，2009年から2014年の間の日本企業の設立後年数別の従業員者数の純増減について見てみよう。**図表1-6**に示されているように，新たな雇用の創出（従業員数純増）は設立後10年以上経過したような既存の企業からではなく，創業後間もない比較的新しい企業群から生み出されている（経済産業省 2023; Haltiwanger et al. 2013）。

もともと規模の拡大を意図していないような中小零細企業では設立後に規模

図表1-5　日本と米国における株式市場のパフォーマンスの推移

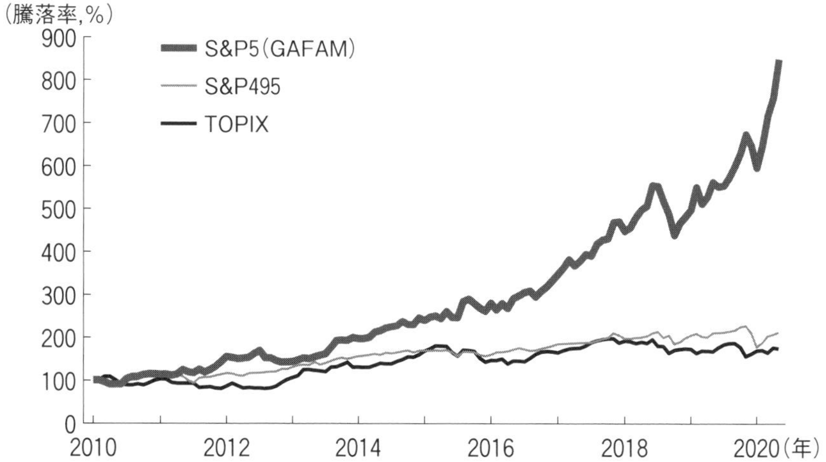

出所：古田拓也「今更聞けないお金とビジネス―S&P495で分かる ブーム化する『米国株投資』に隠れた"歪み"」（IT mediaビジネスオンライン）（https://www.itmedia.co.jp/business/articles/2009/11/news032_2.html〔最終閲覧日：2023年12月18日〕）を基に筆者作成。

図表1-6　日本企業設立後の年数別従業員者数の純増減

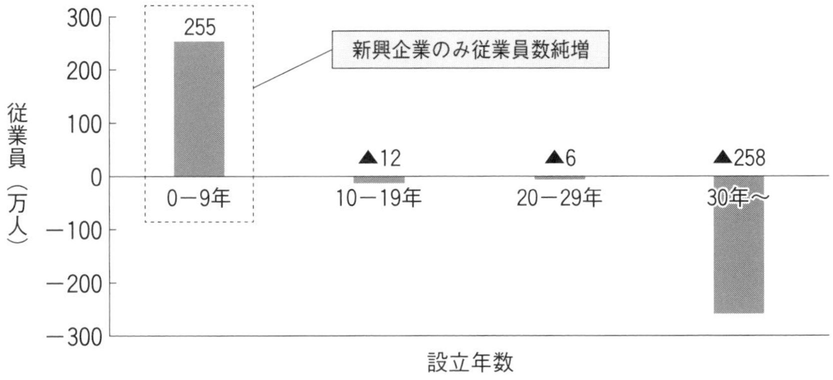

（注）2009年→2014年での比較。
出所：経済産業省（2023）を基に筆者作成。

が急拡大することは一般的ではない。そのため新規雇用の創出に関しては中小零細企業が大きく寄与するわけではないが，既存の大企業においても設立後の年数とともに新たな雇用創出に寄与する割合は低くなる傾向がある。スタートアップの大部分は撤退を余儀なくされるか，期待されたような成長を遂げることはできず退出を余儀なくされる一方で，ごく一部のスタートアップが急速に成長することで新たな雇用創出や経済パフォーマンスの活性化に大きく貢献している（Haltiwanger 2022）。こうしたことから，政策面においても既存の中小零細企業の保護や支援，そして既存の大企業向けの施策のみではなく，イノベーションを創出し短期間でスケールすることで大きな経済波及効果が見込まれ，新規雇用の創出にも貢献する可能性のあるスタートアップ（ベンチャー企業）の設立や活動を支援することが重要となるのである。

こうした中，日本のスタートアップを取り巻く環境は従前と比較すると大きく改善されつつあるものの，残念ながら世界との差は依然として大きく開いたままであり，以下で見ていくように，スタートアップの活力を国の経済成長へつなげていくためには起業活動の支援や起業態度の形成を支援することに加えて，新たな価値創出を単発的なものとするのではなく，連続的に事業が生み出されるようなエコシステムを構築していくことが重要となる(8)。

3 起業活動・起業態度とスタートアップ・エコシステム

(1) 起業活動と起業態度

これまで国家経済や産業の成長を説明するフレームワークとして用いられてきた産業組織論の市場構造（structure）→企業行動（conduct）→経済成果（performance）モデルでは，国や産業の一般的な環境が企業や業界の行動に影響を及ぼし，国の経済成長の水準を決定すると考えられてきた。しかし，こうした静態的なフレームワークでは，さまざまなアントレプレナーが自ら積極的に行動することで社会経済構造がダイナミックに変化を遂げて国の経済の活性化へとつながるという経済活動主体の動態的な側面を十分に捉えることはできない。

こうした企（起）業家の活動や起業態度が経済成長に及ぼす影響などについては，1996年よりバブソン大学やロンドン大学が中心となって企画・準備を進め，1999年より日本を含む10カ国が参加することで開始された国際比較研究であるGlobal Entrepreneurship Monitor（GEM）が参考となる。GEMの研究は起業家活動と国の経済成長の関係性に着目して起業家活動が国経済成長や競争力などに及ぼす要因を分析することで，経済活動を活性化させていくための政策提言へつなげることを目的としている。GEMでは，各国の起業活動の活発さを表す指標として人口100人当たりの起業活動者の人数である「総合起業活動指数（Total early-stage Entrepreneurial Activity: TEA）」という尺度を開発しているが，日本のTEAは他の先進諸国と比較しても非常に低い数値となっている[(9)]。

年齢構成別にTEAを見てみると，55－64歳の中高年者は英国やドイツと同水準になっているが，25－34歳の若者世代では圧倒的に低くなっていることが明らかになっている[(10)]。このように，日本の起業活動が活発でないのは高齢化によって起業する人が減っているためではなく，若年層の起業活動それ自体が弱いことが関係している（秦・高橋 2021）[(11)]。また，GEM調査における，「あなたの国の人々の多くは，新たにビジネスを始めることを好ましい職業の選択であると考えていますか？」という問いに対して「はい」と回答した割合は，中国では79%，米国では68%であるのに対し，日本は25%となっており，起業を望ましい職業選択として考える割合は，先進国・主要国の中で最も低い水準にあることが示されている。この点について高橋（2018）は，起業活動の水準を論じるには，起業態度を有する起業予備軍と起業態度を有さない人とを分けて捉える必要があるとしている。そのうえで起業態度を有する起業家予備軍が米国や中国と比べても圧倒的に少ないということが日本の起業活動が低い大きな要因であると指摘している[12]。つまり，日本の起業活動の水準が低いのは起業したい人が起業できないからではなく，そもそも起業がキャリアの選択肢の中に含まれていない人が圧倒的に多い可能性があるということである。

このように，高橋らは特に若年層の起業態度が日本の起業活動を規定する大きな要因となっている可能性を指摘したうえで，日本で起業態度を形成するためには，欧米のビジネススクールでの起業家教育とは異なるアプローチが必要となることを示唆している。つまり，**図表1-7**に示されているように，すでに起業家態度を多く有する米国での起業家教育は，起業予備軍に対する専門教育などを通じて起業そのものを支援する（右下から右上への縦の矢印）ことが効果的であるのに対して，起業に無関心な層が多い日本の場合は，米国とは異なり若年層における起業態度を形成するための教育（左下から右下への矢印）が同時に重要となることから（高橋 2018; 秦・高橋 2021），こうした国や地域の特徴を適切に捉えたうえで起業家支援を考えることが大切である。

スタートアップの動機についても，それぞれの国で違いを認めることができる。例えば，日本国内のスタートアップに関する企業の動機調査（『ベンチャー白書2021』）によると，「自分のアイデアや知識・技術を活かしたい」，「同じ思いの仲間がいた・仲間に勧められた」が「経済的な成果を得たい」を上回っており，「社会的な課題を解決したい，社会の役に立ちたい」が動機としてトップとなっている。もっとも，こうした傾向は日本のみではなく他の国々でもみることができる。例えば，インドネシアの代表的なスタートアップであるGojek社は2010年に創業され，2015年に歯医者サービスを開始し，2019年にはインドネシア初のデカコーンカンパニーになっている。創業者のナディエム・マカリム氏はハーバードビジネススクール留学中にBoP（Base of the pyramid）という概念を学んだことで，社会経済の底辺で苦しんでいる人々を

図表１－７　起業活動と起業態度

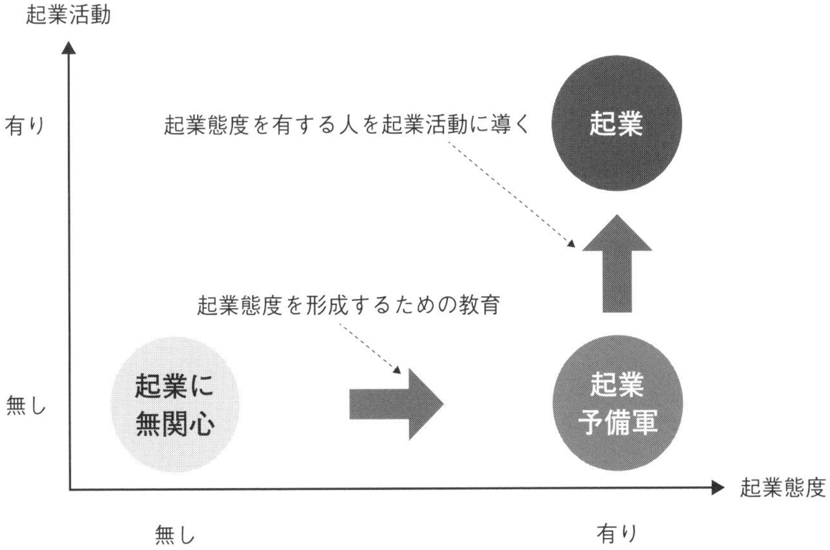

出所：高橋（2018）12頁を基に筆者作成。

助けたいとの思いで起業し，スマホを用いたバイクタクシーの稼働率や待ち時間の改善，そしてクレジットカードを持つことができない人々へ決済サービスを提供することで社会に大きな価値を創出した。その後，マカリム氏は，インドネシアの教育・文化・研究・技術大臣に任命されている。

このように政府の失敗や市場の失敗によって公的機関や既存企業では解決することのできない多様な社会的問題の解決に向けて，持続可能な事業として革新的な取組みをするアントレプレナーは社会企業家（social entrepreneur）と呼ばれ，社会問題を公共とも市場とも異なる新たな解決に導く主体として注目を集めている（Leadbeater 1997; 谷本 2006）。

（２）スタートアップのエコシステム

エコシステム（ecosystem）とは生態系生態学（ecosystem ecology）の用語で，生物とそれを取り巻く環境が生産と消費の循環を通じて相互作用しながら繁栄する自然界のシステムを表している。スタートアップの成功はエコシステムの中で環境を含めたさまざまな要因が調和することで生み出されるが，そのためには政府や大学等によるさまざまな制度改革の試行や，失敗と成功が必要となる。こうしたスタートアップの創出や成長を促し支援する地域の土壌はスタートアップ・エコシステム（スタートアップを継続的に生み出す生態系）と呼ばれるが，連続的にイノベーションを創出することで社会経済のパラダイム変革をもたらすようなスタートアップ・エコシステムは世界に広く分布しているわけではなく，一部の特定の都市（もしくは大都市圏）に偏っていることが知られている。

世界各国の約350万社のデータを基に，約290の主要都市の起業環境を分析したGlobal Startup Ecosystem Report 2023によると，都市別のスタートアップ・エコシステムの第１位はシリコンバレーであり，2012年に調査が開始されて以降継続して首位を維持している。２位は同率でニューヨークとロンドンが並び，４位はロサンゼルスとなっており，北米の都市が上位30位の半数を占めている。また，アジア圏では，７位・８位・９位が北京，シンガポール，上海となっており，12位にソウル，東京は15位である。高度に発展したスタートアップ・エコシステムとして長年１位である米国のシリコンバレーは，グーグルやアップルなどの世界を大きく変えたハイテク・スタートアップ（New Technology-based Firms）が誕生したことで有名である。

これらハイテク・スタートアップは，初めから完成した技術を有して事業を開始しているわけではなく，大学等からの技術シーズをビジネスモデルとして収益化させなくてはならないため，技術的なリスクとマーケティング上のリスクをシステムとして効率的に負担する必要がある（長岡 2011）。例えば，シリコンバレーにはスタンフォード大学が中心部に位置し，さまざまな分野での世界最高峰の研究機関があることからSTEM（science, technology, engineering, math）分野の優秀な人材や研究者が世界中から集積している。それに加えて，シリコンバレーには，ものづくり中小企業が数千社存在しているとされ，各種製品のプロトタイプの試作をこうした企業が支えることで，スピード感のある製品開発の基盤を支えている。また，全米の人口人種別の構成比では62％が白人系でアジア系は５％であるのに対してシリコンバレーは白人系が29％でアジア系が39％となっており，多国籍のメンバーでチームを編成しやすく世界のマーケットへ迅速に対応し事業をスケールすることが可能となる。

さらに，シリコンバレーには起業する際に新たな事業を支援し適切な助言を行うベンチャーキャピタリストやエンジェルなどの投資家，弁護士，弁理士，そしてM&Aを行う大企業などのネットワークが形成されており，起業家同士の連携を支援し促進する文化も確立されている。そのためシリコンバレーでスタートアップに携わる人々は，こうしたエコシステム上を横断するさまざまな情報や人的ネットワークを駆使して経営課題に迅速に対応することで事業の収益化に取り組むことが可能となる。こうした知識のフロー，特に身体化されたノウハウの移転においては地理的に近接していることが大きなアドバンテージとなり，膨大な試行錯誤が異なるアクター間で共有されていくことでエコシステム全体として効果的な学習効果が発揮される。

このように，スタートアップとそれを支援するマルチステークホルダーが互いに関連して支えあうことでそれぞれの能力が調和して新たな価値が創造されるという循環を通じてエコシステムが存続発展していく（岸本 2021）。そしてこうした循環の中で成功したスタートアップが大企業となり，新たなスタートアップを買収することで創業者や幹部社員のみではなくベンチャーキャピタルも潤うことになる。また，イグジット後の創業者や幹部社員が再び起業することもあれば，自らがエンジェル投資家やベンチャーキャピタリストとなることもあり，スタートアップ・エコシステムの中に増幅する形で組み込まれていく（各務 2015）[13]。

以上見てきたように，スタートアップはそれぞれが独立した組織ではあるが，まるで「シリコンバレー㈱というエコシステム」（長谷川 2019）の中で新規事業プロジェクトが矢継ぎ早に立ち上げられ，豊饒なエコシステムに埋め込まれつつ育まれていくことになる。つまり，スタートアップの本質を理解するためには，アップルやグーグルなど大成功を収めた企業や著名投資家のみにスポットライトを当てることで成功事例を個別に取り出すのではなく，教育・研究・ビジネスなどの拠点が集積する濃密なスタートアップ・エコシステムとしてのシリコンバレーという大きな括りとして捉えることが大切である（長谷川 2019）。

このように，スタートアップ・エコシステムの形成には，アントレプレナーシップを有した起業家や優秀な技術者に加えて，起業家や事業モデルを育てるインキュベーター，事業の急成長を支援するアクセラレータ，リスクマネーを供給するベンチャー企業や大企業，世界レベルで通用する大学・研究機関，グローバルな法務・会計を担うプロフェッショナルファームなど多彩なタレントが世界中から集積するような魅力ある都市の創出が大切である（Florida 2002）[14]。

4 おわりに

アントレプレナーシップを促進し経済の新陳代謝を促進することで経済を活性化するには，スタートアップに挑戦しやすい制度面での整備や教育を通じて起業文化を醸成することで企業家精神を有した起業予備軍を増やすと同時に，高度人材の育成と労働流動性の向上のための仕組み，スタートアップを支援する人材や企業そして大学などの研究機関の充実，リスクマネーの供給や経営支援を担うベンチャーキャピタルの質的量的拡充などが不可欠となる。

スタートアップを通じたイノベーションや社会変革は，優れた企（起）業家による単発的な価値創出のみではなく，一流の研究者，高度専門職業人材，ベンチャーキャピタリスト，アクセラレータ，クリエーター，技術者など多種多様な人材によって担われ，こうした人々が集積する魅力ある都市に集積した濃密なネットワークの中で形成される卓越したエコシステムによって生み出される。また，さまざまな人々や異なる業種の企業が集積する都市に育まれた多様性に依存することで未知の事業に挑戦する大小さまざまな企業が都市に存立可能となり，多様な企業がそれ自体さらなる多様性の余地を生み出すことによって，より一層の多様性を促進する。つまり，こうした多様性を包摂する都市や場の存在そのものが多様性の源泉となり，豊饒なスタートアップ・エコシステムを形成し，スタートアップとそれを支えるアクターが互いに調和しながら循環し発展することで，都市全体としてスタートアップのインキュベーション的な役割を果たすことになる。

このように，スタートアップ・エコシステムの形成には，同種の産業が集積することによって同一地域で技術やノウハウなどのスピルオーバー効果が生じる地域特化型の産業集積の優位性（マーシャル型外部性）のみならず，垣根を越えたさまざまな産業や多様な業種の企業が一定の地域に集中して立地することで同種の産業以外からの知識が共有されイノベーションが促進されるという複合的な産業集積による外部経済（ジェイコブズ型外部性）を考えることが重要となる。

ここまで見てきたように，スタートアップを語るには，特定の企（起）業家や企業を個別に取り上げた分析や各種制度を議論するのみならず，スタートアップ・エコシステムというスタートアップを育む基盤となる魅力ある都市を創出していくための議論が大切であり，長い年月をかけてこうした取組みを続けていく必要がある。

Review & Discussion

① **スタートアップの特徴について整理してみよう。**
② **日本の起業家教育の課題について整理してみよう。**
③ **スタートアップ・エコシステムとはどのようなものなのか整理してみよう。**

[注]

(1) 成長会計では労働生産性の成長率は資本装備率とTFPの成長率に要因分解することができる。企業の設備投資が勢いを増すことが資本装備率の上昇に重要となり，TFPは資本の利用効率の向上や技術革新によって高められる。このようにTFPは経済成長のうち資本投入と労働投入では説明することのできない残差の部分であることから，しばしばイノベーションの代理指標として用いられる。

(2) シュンペーターは，既存の諸要素の結合を破壊することで静態的経済に変化をもたらす非連続的な新結合を通じたイノベーションの担い手を企業家と定義している。また，米倉（2001）はどのような事業も定義に含まれてしまう事態を避けるため，イノベーティブな事業をおこす者を企業家としている。ただし，バブソン大学を中心に展開されている起業論では起業家をより広範に捉えていることもあるため（Bygrave 2008），本章では，基本的には既存の管理可能な経営資源にとらわれることなく新たなビジネス機会を追求することで社会に新たな価値を創造する人を企業家（アントレプレナー）とし（e.g.清水 2022），文脈に応じて起業家という用語を使用する。

(3) 2021年の投資実績（内閣府 2023）を見てみると，投資金額ベースでは米国が36.2兆円なのに対して日本は2,300億円とその差は150倍以上，件数では米国が17,100件に対して日本は1,400件と12倍以上の差がある。

(4) 本来はベンチャー（ベンチャー・企業）とは，ベンチャーキャピタルもしくはエンジェルから資金調達をしているスタートアップのことである。ベンチャー・ビジネスという用語は清成らによって提唱された和製英語であり（c.f. 清成ほか 1971），「リスクを恐れず新しい領域に挑戦する若い起業」（松田 1998, 17頁）という意味で理解されている。欧米では新たな技術を有する企業という意味でNew Technology CompanyやNew Venture CompanyあるいはNew Business Ventureなどと呼ばれている。あえてベンチャー企業とスタートアップの特徴を区別するとすれば，スタートアップは短期間で急成長を志向するという点をより強調したものであるということができる。

(5) スタートアップの定義に関する議論は，Vonoga and Zvaigzne（2022）を合わせて参照のこと。

(6) Entrepreneurの語源はフランス語のEntreprendre「企てる」，「着手する」という意味を持つ。

(7) 1990年以降の日本の労働生産性上昇率は同時期の米国と比較しても低いわけではないのだが，米国ではTFPの上昇が主，物的資本蓄積が従の要因として労働生産性を上昇させたのに対し，日本では物的資本蓄積が主，人的資本蓄積（労働の質上昇）が従の要因として労働生産性を上昇さたという相違がある（長岡 2011; 深尾 2010）。深尾（2010）はTFP上昇を伴わない資本蓄積主導の労働生産性上昇は，資本過剰を通じて資本収益率を低下させ投資低迷を生み出している可能性があることを指摘している。

(8) Aghion et al.（2021）によると，企業の参入率と撤退率の平均である創造的破壊指標は，一人当たりGDPの成長率とも正の相関関係がある。ただし，この点については，相反する実証研究も提示されており，経済の発展段階によっても開業率と経済成長率の関係は一様ではないことが指摘されている点に留意が必要である。米国では開業率は低下しているものの，ベンチャーキャピタルによる投資額は増加傾向となっている。

(9) ただし，起業家活動という場合に，経済発展の段階が低い開発途上国と日本のように経済が成熟した場合では単純に比較をすることができないという点に留意が必要である。例えば，前者では，既存の企業に就職するというオプションがないため，生活のために起業するという生計確立型起業が多く，後者では，生計を確立するためにではなく事業機会を開拓するための事業機会型起業の傾向が強くなるというように，経済発展の段階で起業家活動の質が異なるのである。

(10) GEMは起業活動の重要性を指摘し，起業家活動を態度（attitude），活動（activity），意欲（aspiration）という3つの構成で捉えている。

(11) 2021年の帝国データバンクの統計では，日本のスタートアップの創業者の年齢は30/40代であるのに対して，上場企業の経営者は58.5歳となっている。

(12) 成人人口100人当たりの起業家予備軍，もしくは起業態度を有する者の割合は，米国が54.9%，中国が35.3%に対して，日本は12.5%であることからも，日本の問題の1つは起業家予備軍が少ない，起業態度を有する者が少ないからであるといえる（高橋 2018）。

(13) 米国においてスタートアップ企業のゴールは長らくIPOであったが時代とともに状況は変わり，近年ではM&Aが主流となっている。磯崎（2022）によると1980年代前半の米国スタートアップのExitは90%以上がIPOであったが2009年ではM&Aが90%以上となっているのに対して，日本では約7割がIPOで，残りの3割がM&Aとなっている。

(14) リチャード・フロリダが経済成長を実現する要素として提唱した3T（technology, talent, tolerance）を基礎に開発したGlobal Creativity Index（GCI）の2015年において，日本は24位である（Martin Prosperity Institute 2015）。

〈参考文献・資料〉

Aghion, P., C. Antonin, and S. Bunel（2021）*The Power of Creative Destruction*, Harvard University Press.

Bessant, J. and J. Tidd（2015）*Innovation and Entrepreneurship*（3rd-edition）, John Willey & Son.

Bygrave, W.D.（2008）The Power of Entrepreneurship in *Entrepreneurship*, New Jersey: John Willey & Sons.（高橋徳行・田代泰久・鈴木正明訳（2009）『アントレプレナーシップ』日経BP社）

Florida, R.（2002）*The Rise of the Creative Class: and How it's Transforming Work, Leisure, Community and Everyday life*. Basic Books.（井口典夫訳（2007）『クリエイティブ・クラスの世紀―新時代の国，都市，人材の条件』ダイヤモンド社）

Fritsch, M and P. Mueller（2004）"Effects of New Business Formation on Regional Development over Time," *Regional Studies*, Vol.38, No.8, pp.961-975.

Global Entrepreneurship Monitor（GEM）(2022) Global Entrepreneurship Monitor 2021/2022. Global Report: Opportunity Amid Disruption.

Haltiwanger, J., R.S. Jarmin and J. Miranda（2013）"Who Creates Jobs? Small versus Large versus Young," *The Review of Economics and Statistics*, Vol.95, No.2, pp.347-361.

Haltiwanger, J.（2022）"Entrepreneurship in the twenty-first century," *Small Business Economics*, Vol.58, No.1, pp.27-40.

Leadbeater, C.（1997）*The Rise of the Social Entrepreneur*, Demos.

Martin Prosperity Institute（2015）The 2015 Global Creativity Index（https://www.diva-portal.org/smash/get/diva2:868391/FULLTEXT01.pdf〔最終閲覧日：2023年12月18日〕).

Timmons, J.A.（1994）*New Venture Creation: Entrepreneurship for the 21st Century*, Richard D. Irwin.

Vonoga, A. and A. Zvaigzne（2022）Theoretical Aspects of the Concept Start-up in the Literature. In Proceedings of the 5th International Scientific Congress Society of Ambient Intelligence（ISC SAI 2022）-Sustainable Development and Global Climate Change, pp.135-144

Zaeem-Al Ehsan（2021）Defining a Startup: A Critical Analysis, Available at SSRN: https://ssrn.com/abstract=3823361.

穴井宏和（2022）「企業家コミュニティはスタートアップを成長させるのか」『組織科学』第55巻第3号，49-61頁。

磯崎哲也（2022）『企業のエクイティ・ファイナンス』ダイヤモンド社。

各務茂夫（2015）「我が国におけるイノベーション・エコシステムの構築」『Venture Review』第25号，3-14頁.

岸本千佳司（2021）「アクセラレータによるスタートアップ・コミュニティの戦略的構築―台湾のApp Works（之初創投）の事例研究（研究ノート）」『赤門マネジメントレビュー』第20巻第1・2号, 1-41頁。

清成忠男・中村秀一郎・平尾光司（1971）『ベンチャー・ビジネス：頭脳を売る小さな大企業』

日本経済新聞社。
経済産業省（2023）「スタートアップの力で 社会課題解決と経済成長を加速する」（https://www.meti.go.jp/policy/newbusiness/meti_startup-policy.pdf〔最終閲覧日：2023年12月18日〕）。
経済産業省中国経済産業局（2019）「平成30年度地方創生に向けたスタートアップエコシステム整備促進に関する調査事業報告書」（https://www.meti.go.jp/meti_lib/report/H30FY/010721.pdf〔最終閲覧日：2023年12月18日〕）。
清水洋（2022）『アントレプレナーシップ』有斐閣。
高橋徳行（2018）「日本は起業が難しい国なのか？」『AD Studies』第66巻，8-14頁。
田路則子（2021）「ハイテク・スタートアップの成長要因」『地域イノベーション』第３号，85-89頁。
谷本寛治編（2006）『ソーシャル・エンタープライズ―社会的企業の台頭』中央経済社。
内閣府（2023）「令和５年３月スタートアップエコシステム拠点都市を取り巻く最新の動きについて」（内閣府科学技術イノベーション推進事務局資料）。
長岡貞男（2011）「日本企業の生産性とイノベーション・システム―成長力強化に向けて」『RIETI ポリシー・ディスカッションペーパーシリーズ』11-P-001。
日本生産性本部（2022）「労働生産性の国際比較」（https://www.jpc-net.jp/research/detail/006174.html〔最終閲覧日：2023年12月18日〕）
長谷川克也（2019）『スタートアップ入門』東京大学出版会。
秦信行・高橋徳行（2021）「GEMから見た若者の起業活動や起業動機の変化」（制度委員会報告事例紹介）『The Japan Academic Society for Ventures and Entrepreneurs Newsletter』（日本ベンチャー学会会報）第96巻。
深尾京司（2010）「日本の産業レベルでのTFP上昇率―JIP データベースによる分析」『RIETI ポリシー・ディスカッションペーパーシリーズ』10-P-012。
松田修一（1998）『ベンチャー企業（初版）』日経文庫。
松田修一（2014）『ベンチャー企業（第４版）』日経文庫。
松田修一・長谷川博和編著（2023）『スタートアップ創出　10の提言』中央経済社。
八木智之・古川角歩・中島上智（2022）「わが国の生産性動向―近年の事実整理とポストコロナに向けた展望」『日本銀行ワーキングペーパーシリーズ』No.22-J-3。
米倉誠一郎（2001）「イノベーションの歴史」一橋大学イノベーション研究センター編『イノベーション・マネジメント入門』日本経済新聞社。

（藤岡 資正）

第2章

スタートアップ人材と組織

●本章のねらい●

スタートアップ企業の成長には「ヒト・モノ・カネ・情報」そのすべてが必要と言われている。

本章ではその中でも「ヒト」＝人材の部分について論じる。

なぜスタートアップ企業における人材は重要なのか。スタートアップ企業の各フェーズで発生する課題，状況を整理し，必要な専門人材についてフェーズごとに説明を行う。その後スタートアップ企業の組織拡大の流れについて解説する。シード期，アーリー期，ミドル期，レイター・プレIPO期に起こる成長を阻害する障壁，その障壁を乗り越えるための望ましい組織体制について解説を行う。

キーワード

大企業からの人材流入，コア人材，組織拡大時の障壁，
フェーズごとの組織体制

1 はじめに

企業の成長には「ヒト・モノ・カネ・情報」すべてが必要である。それは大企業であっても中小企業，スタートアップ企業においても変わらない。その中でも「ヒト」＝人材に関して，スタートアップ企業は特に注意を払うが必要である。スタートアップ企業とは革新的な新しいビジネスモデルを考え，新たな市場を創造することで，短期的に事業価値を高めて成長する企業や組織のことを表すが，当該企業は社員数も決して多くない中で革新的な取組みを試み，凄まじいスピードで企業自体も大きな変革を実現していくことになる。このような状況に身を置く社員は一人ひとりにかかる企業からの期待や役割は大企業のそれとは大きく異なることは想像に難くない。

期待や役割が大きいことは決して悪くない。ただし企業も成長し会社や業務が拡大していく中では１人で抱えられる役割には限界があるのも事実である。では，この状況をどうやって解決していけばよいのだろうか。一人ひとりにかかる期待値や役割が大きすぎるのであれば人数を増やせばよいのであろうか。必ずともそうとは言えず，スタートアップ企業の置かれている状況により人材が多すぎることも，少なすぎることも成長を阻害する要因となるため，そこまで単純な話ではないのである。では，採用する人材のスペックを高めればよいのだろうか。それもまた必ずしもそうとは言えない。ハイスペックすぎても，またその逆であっても企業の成長には寄与しない可能性がある。人が多すぎても少なすぎても，採用する人材のスペックが高すぎても，もちろん低すぎてもスタートアップ企業の成長の阻害要因となり社員にかかる重圧も減ることはない。

また，一言にスタートアップ企業といっても創業間もない企業からIPO直前の企業まで社員数で数人～数百人まで数多の企業があり，その企業の状況に合わせたタイミングと必要なスキルを持った人材を各フェーズの企業に合わせて採用を行う必要があるのである。

（1）スタートアップ業界における人材の現状

スタートアップ業界への人材流入はこの数年で少しずつ増加傾向にある。しかし，大企業からスタートアップ企業への入社を考える人材はまだまだ少数である。大企業の社員から見たスタートアップ企業に対するイメージを以下でまとめているが，スタートアップ企業の実情と少し乖離のある結果も散見され，そもそもネガティブなイメージがまだ多いことがわかる。このネガティブイメージを刷新し，大企業にいる人材を流動化させスタートアップ業界へ流入させることが業界としてはとても重要な事項であると考えられる。

〈日本の大企業社員が考えるスタートアップ企業へのイメージ〉

①処遇や組織風土の観点
- ・給与が下がる
- ・倒産可能性が高い
- ・労務管理もしっかりしていないためブラックな働き方
- ・ワンマン社長で社長と合わないと仕事が続けづらい
- ・やりがいのある仕事ができない

②業務経験・スキル・その他の観点
- ・大企業で身に着けたスキルはスタートアップでは役立たない
- ・そもそもスタートアップで貢献できるのか

（JISSUI・NRI（2020）を基に筆者作成）

（2）スタートアップ業界における人材課題

前述したスタートアップ業界における処遇やキャリアに関しては以前に比べると大きく改善してきていることは間違いないだろう。

これまでの大企業での経験，身につけたスキルを活かしスタートアップ企業に転職するとポジションや給与が上がることが実は比較的多くなってきている。また，以前はスタートアップ企業への転職はキャリアの中で片道切符のように捉えられ，一度入ると大企業はもちろんのこと転職自体しにくくなると考えられていたが現在はスタートアップ企業での経験は大企業の新規事業開発部署など多くの部署で高く評価されることも増えてきている。

では，少しずつ改善しているスタートアップ業界に人材が大きく流入していない現在の課題とは何があるのだろうか。

スタートアップ企業側から見た場合の1番大きな理由は人材に対する意識の低さではないだろうか。

近年，グローバル企業では企業の持つ課題の中で最重要課題として継続的に「人材」課題を挙げている。しかし，スタートアップ企業では「人材」が継続的に経営の主要課題となることはあまり多くない。もちろんすべての企業がそうではないが，多くのスタートアップ企業は課題に直面してから突発的に人材を採用していることも多く，将来を見据え継続的に「人材」課題に対する戦略を講じているところは決して多くない。リソースの少ないスタートアップ企業で直面していない課題に対し工数を割くことが難しいのはもちろん理解できるのだが，常に人材課題に対する意識を高く持ち先行して対応をしていくことで今後起こる無用なリスクを回避することも可能であろう。

また，先を見越して人材を採用することで現メンバーに新たにかかる負荷を回避することもでき，将来の課題にマッチした人材を確保することでより高精度かつスピーディーに企業の成長を後押しできるのである。

課題に直面したタイミングで急いで人材を探した場合の失敗例を1つ挙げると「その場しのぎ採用」が起こることである。これは目の前に急いで解決を図らなければならない課題がありその緊急度合いから人材を採用することに目的を置いてしまい結果的に将来も含めて任せたい業務が不明確のまま採用を行ったり，組織風土やビジョンのマッチ度が低い人材を採用してしまうことが起きてしまうのである。「その場しのぎ採用」をしてしまうと目の前の課題は乗り越えられる可能性があるが，組織風土とのマッチの低さや任せる仕事がない場合事象が起きてしまい採用した人材が組織内でパフォーマンスを発揮できない人材となってしまい，結果的に早期離職を招く可能性があるのだ。よって「その場しのぎ採用」はできるだけ避ける必要がある。もしどうしても緊急の課題に直面し，早期で人繰りをしなければならないタイミングが来た場合，その課題の内容によるが正社員ではなく業務委託や派遣，外注するなどの方法を検討すべきであろう。

2 スタートアップにおける人材の重要性

（1）初めて社員を採用するとき

スタートアップは起業時に創業者のみ，もしくは数人（共同創業者など）で会社を立ち上げ創業メンバーとして事業の成長を目指し活動を進めていく。

そしてどんなスタートアップ企業もいつしか人材採用を始めるタイミングがやってくることになる。そのタイミングは会社業種，業績，市場環境と在籍しているメンバーのスキルによっても変わってくる。

一般的に企業が人材を採用する目的を挙げると以下3点に大別することができる。

① 企業が抱えている課題を解決するため
② 不足している人員を補うため
③ 組織活性のため

まず，①については企業が成長するためには突破しなければならない課題があり，その課題を解決することが現時点の体制では難しいタイミングである。その状況を打破するため適切なスキルや経験を持つ人を採用し，課題解決を図ることになる。

②については大企業においては定年退職などの自然に減少していく人員に対してそれを補うためや新規プロジェクトの人員を確保するために行うものである。スタートアップ企業においてもほぼ同様である。

③においては新しい文化や知識，スキルを企業に入れることで組織の活性化を図ることを目的とした採用となる。もちろん，これらがすべてではないものの，一般的に企業が採用を行う目的は上記が多く，スタートアップ企業が社員を採用する，その中でも初めて社員を採用するに至る理由とはどんなものが多いかというと圧倒的に①となることが多いだろう。なぜならスタートアップ企業はそもそも社員数が少なく，その中で各人が持っているスキルを存分に発揮することに加え，現在有しているスキル以上の，新たなスキル・知識を急速なスピードで獲得，経験し企業の成長を支えていくのである。しかし，その状況にも限界がある。

その理由は大きく2つあり，1つ目は企業が成長していくことでより専門性が求められる業務が増えること，2つ目は業務の範囲，業務の量が増えることでキャパシティーの限界を迎えることである。

例えば専門性が求められる場面とは大型の資金調達を目指す場面や，人事領域を整える（大量採用を行う，制度設計を行う等）場面などが想定される。また，業務の範囲や量が増える場面とはわかりやすく事業が急激なスピードで成長しクライアントや売り上げが増えるタイミングとなる。そんな状況下で創業者は会社の業務の優先順位付けや自身の行っている業務の棚卸を行い，引き続き自身が行うべき業務，割り振る業務などを総合的に判断・実施し，それでも限界を迎えることが見えてきた時点で初めて社員の採用活動を進めていくこととなる。

ここまでのことを踏まえると，スタートアップ企業が初めて採用する社員とは企業にとっても採用される側にとっても，とても重要であることがわかると思う。

それが初めて社員を採用するということなのである。

上記のことからスタートアップ企業は初めて社員を採用する場合，目的・役割・実際の業務内容を明確にし，採用を進める必要がある。

（2）スタートアップ企業におけるコア人材とは

前述した初めての社員採用はコア人材を採用していることが多い。

コア人材とは何なのか。明確な定義はなく，本章ではスタートアップ企業の中で専門的なスキルを有し，企業の中核となって事業を牽引するCxO（Chief X Officer）クラスの人材と定義する。

スタートアップ企業が創業後大きな課題にぶつかり創業メンバーだけでは乗り越えられない状況や大きく事業にアクセルを効かせ成長速度を飛躍的に伸ばそうとしたタイミングで採用するのが初めての社員採用となる場合が多いのだから当然といえば当然である。

定義の中で「スタートアップ企業の中で」と記載しているがこの部分がとても重要なポイントである。大企業内での活躍人材や大企業にかかわらず，高度専門スキルを有している方は優秀な方が多いのだが，その要件がそのままスタートアップ企業での活躍人材になるとは限らない。スタートアップ企業が「コア人材」を採用する場合，経歴や専門的な資格やスキルを採用基準の主軸として採用をしてしまうと実は大きな失敗となるケースがあり，筆者自身このようなケースを見かけることがよくあった。

スタートアップ企業は大企業に比べ決して多くないリソースの中で数多のタスクをこなしながら，凄まじいスピードで成長を実現していく。そんな企業の中で「コア人材」は自身の持つ専門領域での価値を発揮することはもちろんのこと，自身の業務からさらに広範囲の領域に対してスキルを発揮していく必要がある。まさに創業メンバーがこれまで体現してきた自身の専門スキルを発揮しつつ専門領域以外でも，スキル・知識を急速なスピードで獲得，経験し企業の成長を支えていくことを同じく求められる。その点に対してキャッチアップできるマインドと柔軟性を持ち合わせている必要があるのだ。自身の専門領域から飛び出し新たな領域に挑戦し，アンラーニングとラーニングを繰り返しながら会社の成長と自身の成長をともに楽しめるような人である必要があるのだ。

そんな「コア人材」をスタートアップ企業は採用することで障壁となっていた課題を突破し新たな成長曲線に乗ることができる。「コア人材」とはまさにそのスタートアップ企業にとって次なるブーストを図るための重要なキーとなるのである。

3　スタートアップの各フェーズにおける必要人材

（1）シード期における必要人材

①会社の状況

シード期は創業前，もしくは創業間もない状態で社員はほぼいない。ビジネスモデルやビジョン等は初期段階のものはあるが具体的な製品やサービス化まではできていない。

事業計画の策定に向けて研究開発や市場調査を行っている段階。また，シードラウンドによって外部から資金調達を実施している企業もあるが調達金額は少ない。

②必要な専門人材

このタイミングでは，経営ボードとなれる人材が必要な状況である。スキルは専門人材よりはジェネラルに対応できるタイプの人材が適している。まだないものを作り上げる，朝令暮改の状況下でも動じず活動できる，レジリエンス力が高い等のスキルを持ち合わせた方で０→１の環境下を楽しめるタイプの方が最適である。

（２）アーリー期における必要人材

①会社の状況

アーリー期は創業直後の段階であり，プロダクトはできていることが多いが売上，利益も少なく基本的には赤字の状態である。この段階では外部からの資金調達金額もまだ少なく，資金調達方法はエクイティファイナンス（企業が新株を発行し資金調達）での調達が多く，デットファイナンス（銀行からの借り入れ）は知名度や売り上げの実績が少ないことからスタートアップ向けの融資を行っている金融機関を除くと少ない。

②必要な専門人材

プロダクトができる前後段階であり，このプロダクトを広げていくことができる人材が必要である。具体的には新規事業開発責任者のポジションである。商品の販売の仕方，アライアンスの検討，グロースの絵を描くなど広くプロダクトに対してリードしていくことが求められる。創業者などがこの部分を行う企業も多いがこのタイミングで新規事業開発責任者がいることにより創業者は他の重要タスクに工数を割くことができるためプロダクトができた段階が望ましい。また，ファイナンスやアカウンティングをリードしてくれる人材も企業の状況によっては必要となってくる。この部分も創業者が担っている場合が多いが創業者は自身のケーパビリティを鑑み自身の得意分野や，より重要なタスクを洗い出し，専門人材に権限委譲していくことを検討しなければならない。

（３）ミドル期における必要人材

①会社の状況

ミドル期はプロダクトの成長も少しずつ見えてきている段階である。このタイミングでは会社に利益も出始め，会社の認知度や社会的信用も出てくるタイミングとなる。

売上の急拡大に伴い，人材確保や設備投資の需要が急速高まりスタートアップ企業はこの時期に組織として大きくなる傾向がある。

このタイミングでは事業リスクが低減していることから民間金融機関からも資金調達が比較的容易に実現できるようになってくる。

②必要な専門人材

会社の売上が伸びてきているこのタイミングは組織拡大する時期であり，一番必要な職種は営業人員や開発が必要なプロダクトを擁しているスタートアップ企業ではエンジニアの需要が特に高まる。採用するレイヤーとしてはメンバークラスやメンバークラスをまとめるマネージャークラスの採用が必要なタイミングである。

（4）レイター期・プレIPO期における必要人材

①会社の状況

レイター期・プレIPO期は組織，ビジネスモデルがしっかりと確立し，経営も安定している状態である。このタイミングでは既存事業へさらなる投資を実施し拡大路線をとるか，もしくは新規事業へ投資を行い新たな基幹事業創出を目指すケースが多くなる。いずれにしても人材の増員を図る場合が多く，社員規模の目安は30人以上，業種によっては100人以上まで組織拡大する企業も珍しくない。

また，多くのスタートアップ企業は明確なExitに向けて動いている場合が多い。スタートアップ企業のExitのパターンとしては大きく２つあり，IPO（新規公開株式）かM&Aである。日本国内においのExitパターンはIPOによるExitが半数以上を占めている状態である。欧米においてはIPOに比べM&AでのExitが活発である。日本のExitがIPOが主流となっている理由は日本におけるM&A市場が未成熟であり，IPOに比べ企業価値（Exit時における取引金額）が大幅に低くなる傾向があるため創業者がM&Aを選ばない場合が多いことが主因と考えられる。

②必要な専門人材

現状，IPOでのExitが主流の日本においてレイター期・プレIPO期で求められる専門人材の種類は多い。それはIPOを実現するために多くの課題を解決する必要がありその体制を整える必要があるためである。

具体的にはIPO準備責任者，社外取締役等である。

IPO準備責任者とは上場に向けた体制構築と推進を行い，監査法人や証券会社の選定および対応を行い，また資本政策策定など幅広い業務をリードする必要がある。

すでに在籍しているCFOが上場対応を推進していることがあるがその体制が最良とならないこともある。もちろん，既存CFOが上場対応を担ってくれることが一番望ましいが，そのCFOの専門性がどこにあるかによってIPO準備責任者を別途採用することも必要である。なぜならスタートアップ企業がCFOの採用時に求めるスキルは資金調達であることが多く，そのCFOがIPOに関わるスキルを備えているとは限らない。スタートアップ企業のCEOに「CFO」に求めるスキルのヒアリングを行ったときの回答は①資金調達，②財務体制構築とオペレーション，③IPO対応と言われることが多い。その時に伝えているのは，そんな人材は稀有であるということだ。

また，既存のCFOがスキル・知識を身に着けながら対応を行っていくことも考えられるがIPOの準備に関わる工数は想像以上に大きく，失敗も許されないことを考えると専門的な人材を迎え入れることを検討した方がベターであろう。

次に社外取締役については今まで説明してきた必要な専門人材とは少し毛色は違うが上場を目指す場合，社外取締役もこのタイミングで設置する必要がある。これは2021年３月に施行された改正会社法により上場企業における社外取締役の設置が義務となったためである。

社外取締役とは，社外から雇う取締役員のことである。設置の目的は社内情勢に左右されず客観的な視点から企業の経営向上を行うことである。ただ外部から来た取締役員というだけでなく，完全に社内情勢と関係のない，派閥や利害関係を度外視した客観的判断のできる人材である必要がある。

スタートアップ企業は社外取締役を設置する場合，客観性を担保しつつも会社にとってメリットのある人選をしていることが多い。

例えば，経営陣が求めている経営や専門分野に関する助言を期待できる人や企業のプロダクトと親和性のある業界のネットワークを持っているなど自社の業績向上や事業拡大につながる人選を行うことが多い。

4　組織拡大時における障壁

数名からスタートした企業もビジネスアイデア/モデルの構築～事業開発，仮説検証を乗り越え事業の成長の段階に進んでいく。その過程で組織はどんどん大きくなっていくことになる。組織が大きくなると関連する「ヒト」が増えるわけだが，「ヒト」が増えるということは多様な考え方を持っている人が増えるということでありまた，創業者がビジョンを直接伝えきれない人も出てくることになる。目が行き届かないことになるためその結果，今まで起きなかったような些細なミスが生じることやビジョンに対する理解のズレが生まれることにより経営と社員，社員間など距離が心も体も遠くなってくる。

前提としてこの世に完璧な組織などない。ただし，スタートアップ企業が組織拡大の各フェーズでどのような障壁が生まれ，それに対しての最適な組織体制や対処方法は存在すると考えられる。本章ではその対応方法の一例を記していく。

組織について述べていく前に本章における「組織」の定義について整理しておく。

組織とは「共通の目標を達成するために，役割や機能が分化・統合されている集団」と定義する。

（1）シード期における組織

シード期は創業前もしくは間もない段階であるため，基本的に創業者と数名の創業メンバーで構成され社員は数名の場合が多い。この段階のスタートアップ企業は目標を達成するという目線はそろっており，意欲高い状態であるがそれぞれの役割や機能に関して明確に分化されているわけではないため（エンジニアとそれ以外などのレベル），事業の運営に関しては全員で話し合いのうえ進める，もしくは創業者がすべて意思決定していくことが多く，厳密には組織とは言いきれない状態である。この時期は組織の障壁があることは多くないが会社の規模に対して取り組むべきこと，取り組みたいことが多い中でとにかく工数が足りないということが継続している。そのため優先順位を決め重要なことから対応することが重要なタイミングである。資金も潤沢ではなくプロダクトの売上も上がっているわけではないのでこの段階では役割や機能は分けすぎずにワンチームで業務を対応していくことが重要なタイミングである。

図表2-1　シード期の組織図

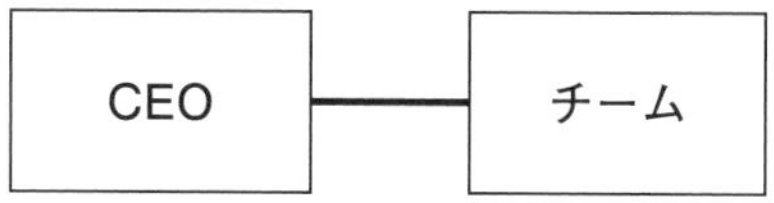

組織ではなく1つのチーム

出所：筆者作成。

（２）アーリー期における組織

アーリー期は創業後そこまで経過していない段階でプロダクトは完成しているが，売上，利益も少ない状態で社員は５～20名程度の場合が多い。この段階のスタートアップ企業は少しずつ人数が増えてくる。そのため俗人的な体制から脱却を図るため，具体的な組織設計を行い始める時期である。Chandler（1962, pp.13-14）の「組織は戦略に従う」という有名な言葉がある。これは企業が新市場への進出や新製品の開発などといった成長を模索するに当たりまず戦略を策定し，その戦略実施のため組織設計や管理手法の変革が必要であると説明している。この本書は大企業にスコープを当てたものであったが，内容自体はプロダクト完成前後のスタートアップ企業（概ねアーリー期）にも当てはまるのである。

この段階での組織設計はいずれか１つの職種を手厚く体制設計するのではなく少人数でよいので網羅的に職種を配置すべきである。イメージとしてはバックオフィス（特に財務・経理），エンジニア，営業のいる組織が構築できているとよいだろう。なぜならアーリー期は「死の谷」と言われる大きな障壁にぶつかることが多くこの障壁を乗り越えるためには前述した組織体制が必要となってくるからである。「死の谷」とはいわゆる資金が枯渇してしまう状態のことであり，アーリー期は最も資金難に陥りやすいフェーズである。アーリー期はプロダクトを成長させるために開発スピードのアップや認知度向上などに利益以上の投資をしていくため自ずと資金は枯渇していくことになる。

この時期を乗り越えるため組織として注意すべきことは経営層とメンバー間での資金に関するコミュニケーションをしっかり図ること。そしてランウェイ（会社の資金が枯渇するまでに残された時間）とネットバーンレート（実際にかかったコストの合計額から売上を差し引いた額）をしっかりと把握，管理することである。創業者が財務・経理に長けた人物であればこのタイミングでは専門人材を採用せず，自身で対応することが望ましいがそうでないのであれば組織体制を整えることが望ましい。

図表2-2　アーリー期の組織図

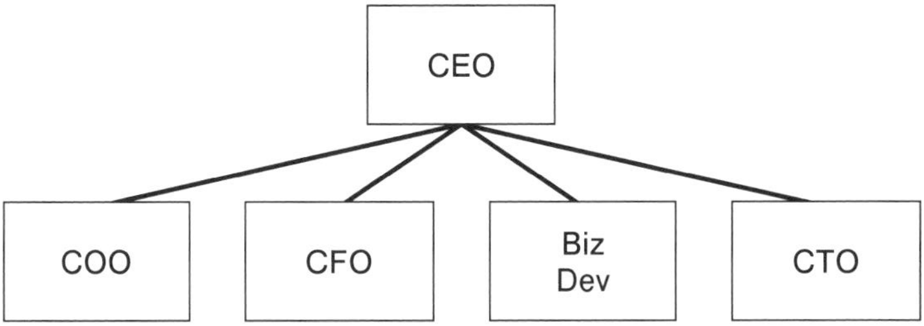

文鎮型組織，全員がプレイングマネージャー

出所：筆者作成。

（3）ミドル期における組織

ミドル期はプロダクトの成長も少しずつ見えてきている段階である。この段階は売上が拡大してきており社員も20名以上と組織も急拡大している段階である。

このフェーズになってくると経営層とメンバーの交流が希薄化してくる場合が増える。それぞれのチームの中にマネージャーが現れチームをまとめるため経営層とメンバーで直接コミュニケーションを取る機会が少なくなる。組織の形として「文鎮型」だった組織構造から「ピラミッド型」の組織構造へ移行していくことになる。このことによりビジョンなどいろいろなものの認識に行き違いが発生しトラブルが生まれ始めるタイミングである。またこのタイミングでは離職率も高くなる傾向がある。

このフェーズの組織の障壁を解消するためには俗人的に運営していた会社を組織として運営するための仕組みを整えることが必要である。

以下は一例だが制度を設計することで多くの人材のモチベーションや目線を合わせるタイミングに来ているということを認識する必要がある。

（例）

・業務フロー作成

・人材育成マニュアル作成

・人事評価制度

・給与テーブル　etc…

図表2-3　ミドル期の組織図

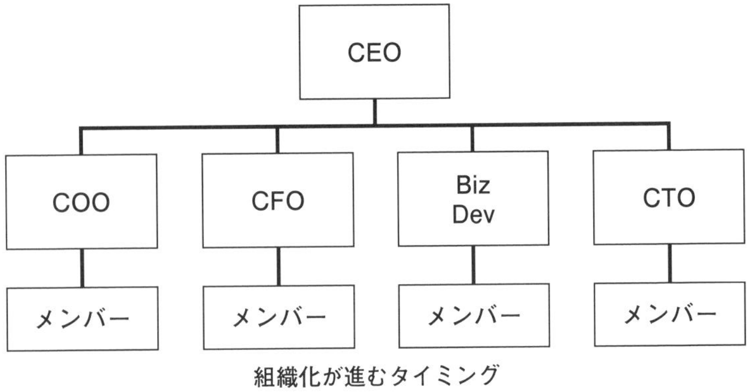

出所：筆者作成。

（４）レイター期・プレIPO期における組織

レイター期・プレIPO期は組織，ビジネスモデルが確立しており，経営も安定している状態である。社員は30人以上，業種によっては100人以上まで組織拡大する企業もある。

このフェーズでは社員数が増加しているため，組織構造が複雑化しており，また組織拡大しているため中間管理職の人材不足という障壁が存在する。

まず組織構造の複雑化については会社が大きくなる過程で多くの機能を持つ

チームができる。人事や法務，労務などのバックオフィス系，開発組織や営業チームもエリアや扱うプロダクト別で複数存在してくるだろう。このこと自体は悪いことではないのだが，組織が拡大し複雑化することで企業のスピード感が損なわれる可能性が高い。スタートアップ企業の一番の武器といってよいのはスピード感であり，この点が損なわれることは企業の優位性，強みが大きく減少してしまう可能性がある。

ここでの解決策は組織体制の再設計である。組織体制は一度作れば終わりというものではなく事業計画に合わせて1年後，3年後，5年後など将来にわたって作成し最低でも半年に一度程度は事業計画の修正とともに変更するのが望ましい。事業計画については定期的に修正するが，組織体制については実は都度修正していることが少ないのが実情である。この体制再設計によって複雑化した組織を整理し，リスタートすることが可能である。

次に中間管理職の不足については人材が採用できないこと，社内でマネージャー人材を育成できないことの大きく2つの要因がある。拡大した組織には各チームにマネージャーが必要となる。一人当たりがマネジメントできる人数に限界があるため組織が大きくなることでマネージャー数が増えることは必然であり，またメンバーのモチベーションとしてマネージャーに任用していくことはとても重要である。大きなチームの中ではシニアマネージャーの下にマネージャーがいるという組織もできてくるだろう。

ここで問題となるのは組織拡大のスピードに対してマネージャー人材が不足してくるということである。スタートアップ企業の中でマネージャーは重要なポジションである。このポジションが機能しないと経営のビジョンや方針がメンバーに伝わらず企業の成長はストップすることになる。マネージャーを増やすためには外部採用と内部昇格の2つの方法がある。

まず，外部からの採用に関してであるが，前述したとおり大企業からスタートアップ企業への転職者は少しずつ増えているものの，まだまだ少なく外部環境は決してやさしくないというのが現状である。

社内メンバーの昇格についてはそもそも1メンバーとマネージャーでは求められるスキルが違うためしっかりと育成をしてから任用する必要がある。長く勤めているから，営業成績がよいからなどの理由で任用してはいけない。スキルを学ばずにマネージャーとなってしまった場合，本人も部下も会社自体も辛い状況に陥りその立て直しに予想以上の時間がかかってしまう。

中間管理職不足の解決策については前もった人事制度の確立・運営と企業自身の魅力を上げることで解消することができる。人事制度の確立はミドル期にて前述したが一朝一夕では叶わないため，将来（ここでいるレイター期のマネージャー不足）を見越した制度設計が肝要である。

企業の魅力を上げることはずばり，採用チームの組成であり，しっかりとPRを継続することである。

図表2-4　レイター・プレIPO期の組織図

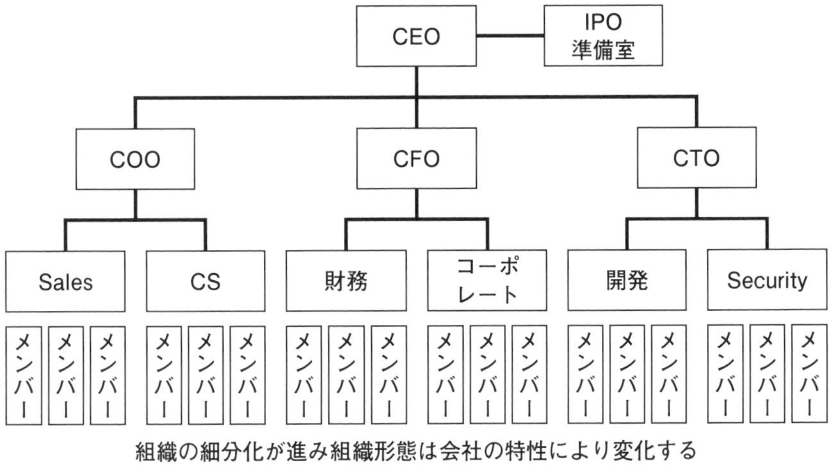

組織の細分化が進み組織形態は会社の特性により変化する

※各フェーズの社員数や組織の障壁は業種・業態や資金調達状況によって大きく異なる。
出所：筆者作成。

5　おわりに―スタートアップ企業における人材と組織とは―

スタートアップ企業が加速度的な成長を実現するには人材と組織について未来の形を創造し，継続的に検討をしていかなければならない。人材領域の課題を継続的に議論・検討を行っているスタートアップ企業はまだまだ多くないと考えられるが，本書を読了いただいた方にはぜひ意識をしてほしい。

スタートアップ業界への人材の流入は少しずつ増加傾向であるものの，まだまだ少なくスタートアップ企業側は業界の状況を理解したうえで人材採用を行っていく必要がある。米国などのように各フェーズにおける人材採用についてスタートアップ企業は緊急度が高くなり，今必要な人材だけを採用するのではなく，できる限り将来を見越して少し先の自社にとって必要となる人材を戦略的に採用することが重要である。

また，事業の成長に伴い組織を拡大するタイミングでは多くの障壁が顕在化してくることを理解しておかなければならない。シード期，アーリー期，ミドル期，レイター・プレIPO期それぞれのフェーズで課題が発生してくるため経営陣は事業が健全に成長を実現できるよう打ち手を講じ続けていく必要がある。事業計画に合わせて組織設計を行っておくことにより各フェーズに起きる課題を事前にある程度察知することができる。また，事業成長の速度を加速するために必要な人材採用についても予測することができるため，基本的には継続的に組織図をアップデートし続ける必要がある。

スタートアップ企業の発展にはここまで述べてきたことの重要度を理解いただいたうえで行動をしていただくことが肝要である。

Review & Discussion

① **現在のスタートアップ業界の採用実態を理解しよう。**
② **スタートアップ企業への人材流入を加速させるための課題を考察しよう。**
③ **スタートアップ企業が組織拡大に失敗しないためのポイントを整理しよう。**

〈参考文献・資料〉

Chandler, A.D., Jr.（1962）『Strategy and Structure』pp.13-14。
Deloitte（2023）Summer 2023 Fortune/Deloitte CEO Survey Insights（https://www2.deloitte.com/us/en/pages/chief-executive-officer/articles/ceo-survey.html）
一般社団法人社会実装推進センター（JISSUI），株式会社野村総合研究所（NRI）（2020）『大企業からスタートアップへの転職経験に関する調査』。

（狩谷 真治）

第 3 章

スタートアップのための ファイナンス

●本章のねらい●

スタートアップ企業（以下，スタートアップ）の発展には円滑な資金供与は重要である。ベンチャーキャピタル投資額対GDP比の国際比較を見ると，米国の0.4%，中国の0.791%に比べ，日本は0.03%しかなかった(1)。日本におけるスタートアップへのファイナンスの支援は明らかに不足している。日本のスタートアップの発展には，円滑なファイナンスは不可欠である。

円滑なファイナンスを実現するには，もちろん金融機関や投資家側の努力も大事であるが，スタートアップ側の問題意識と努力も大切である。本章は，成長企業のファイナンスについて，企業側が意識すべきいくつかの問題について，概念的整理をして解説する。

具体的な内容として，ステージと資金調達，各種投資家の紹介，エクイティとデット，議決権と種類株，ストックオプション等を紹介する。最後に企業価値評価の考え方を説明する。

キーワード

エクイティ，デット，議決権，種類株，ストックオプション，DCF法，乗数法（マルチプル法）

1 はじめに

スタートアップ企業（以下，スタートアップ）は，革新性と新規性を軸に，新しい技術・ソリューションやビジネスモデルを採用し，顧客に新たな価値を提供する。そのための技術や商品の研究開発，新しい市場を開拓するマーケティング活動，人材確保や製品サービスの改良活動を展開するには，多くの資金が必要である。スタートアップの成功は，円滑なファイナンス（資金調達）が不可欠である。

通常の企業は，安定した商品と顧客ネットワークを持ち，売上や利益はある程度予測しやすい。銀行などの金融機関から見て，そのリスクは許容できるものであれば，銀行融資や債券発行による相対的低コストのデッドファイナンスは可能である。それに比べ，スタートアップは新しい市場に参入することが多く，市場に受け入れられるかどうかという大きな不確実性があり，銀行融資等のデッドファイナンスは適さない場合が多く，株式調達のエクイティファイナンスが中心である。そのため，スタートアップは，多様な投資目的と異なるリスク許容度のエクイティ投資家と多くの接点を持つ。これらの投資家とのコミュニケーションは円滑なファイナンスの第一歩である。そのため，スタートアップ側はファイナンスの基本知識と投資家への基本的理解が求められる。これが，本章の目的である。

本章の構成は以下である。2においてシリーズと資金調達，デッドとエクイティ，投資家の種類を説明する。3では議決権と種類株，4ではストックオプションについて説明する。5において利益とフリーキャッシュフロー，DCF法と割引金利，ターミナル価値，乗数法など，企業価値評価の考え方を簡単に整理する。

2 ステージと資金調達

（1）ステージと資金調達

スタートアップの成熟度や事業の進捗に基づいて，通常プレシード，シード，アーリー，ミドル，レイターのステージに分類される。それぞれのステージにおいて，会社運営は異なり，資金調達のニーズもリスクも異なる。**図表3-1**のとおり，ステージに対応して，通常資金調達はシリーズAやシリーズB等と呼ばれることが多い。

図表3-1　ステージと資金調達

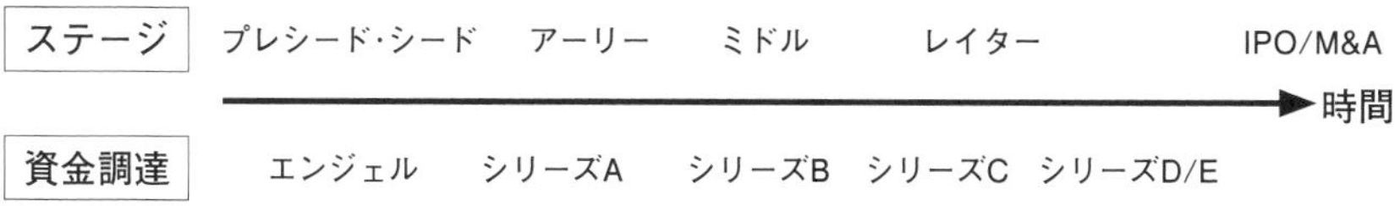

出所：筆者作成。

プレシードやシードステージは，アイデアの実現や製品・サービスの市場需要を確認する段階である。会社活動の中心は，研究開発とアイデアの実現可能性や商業化可能性の検証で，正式な組織も確立されていないことが多い。そのため，資金需要は相対的に小さい。この時期の投資の不確実性が非常に高く，資金提供者は，主に創業者グループ（以下，創業者）やエンジェル投資家である。エンジェル投資は，スタートアップの早期段階における重要な資金調達の手段の1つである。エンジェル投資家は，資金だけではなく，ビジネス展開のアドバイスやメンターシップも提供し，会社の成長に関する戦略的サポートもする貴重な存在である。

アーリーステージに入ると，技術やビジネスモデルの実現可能性がある程度確認され，事業化への準備として，製品やサービスの初期展開やテストが行われる。この時期に一定量の資金需要が発生し，外部からの資金調達の必要性も出てくることが多い。この資金調達は，通常シリーズAと呼ばれる。エンジェル投資は創業者を信じた“冒険”であるとすれば，シリーズAはリスクとリターンの判断に基づく投資といえよう。特にアーリーステージの後半において，会社の組織化が始まり，開発，生産とマーケティング等の活動が持続的運営され，事業化の可能性が見えてくるため，ベンチャーキャピタル（Venture Capital: VC）をはじめ，外部投資家の資金が入ってくる。VCは，スタートアップ等の新興企業に対して資金を提供し，経営や戦略に関するアドバイスやサポートも提供する専業の投資会社である。

ミドルステージにおいて，通常，商品・サービスの提供が本格化し，取引量も拡大し，会社の組織化が進み，内部管理体系が確立されるようになり，事業化成功の可能性も高くなる。この時期における資金調達は，シリーズBと呼ばれる。シリーズBはシリーズAに比べ，リスクは相対的に低く，より多額の資金を調達することが期待される。この段階の投資家は，VC以外，コーポレートベンチャーキャピタル（Corporate Venture Capital: CVC）も投資に参加する。CVCは，大手企業が新興企業やスタートアップ企業に投資するための部門やプログラムのことで，従来のVCと同様に，成長段階にある企業に投資するが，投資元企業の資源やネットワークを活用して提携することも可能である。

レイターステージにおいて，商品やサービスの提供が軌道に乗り，会社の安定的運営と利益が見込まれる。この時期，組織的経営が確立され，IPOやM&Aの可能性も見えてくる。この時期の資金調達はシリーズCと呼ばれる。安定的な事業運営が実現され，リスクが大きく低下するため，シリーズCには，通常の機関投資家も投資に参加することがある。

スタートアップの投資家から見て，IPO（株式上場）やM&A（大企業等への売却）は投資の出口の１つである。IPO等に向けての資金準備はシリーズDやシリーズEがある。IPOやM&Aによって投資は回収されやすくなるが，最終的にIPOもM&Aもしないスタートアップも多くあるし，失敗する会社も多い。投資家から見て，スタートアップへの投資は，大変リスクの高いものである。

（2）エクイティとデット

資金調達は，大きく分けるとエクイティとデットがある。デットファイナンスは，安全性と返済確実性・返済実績を重視し，担保がとられることもある。デットファイナンスの代表は，銀行ローンである。銀行は基本的に確実な回収見通しがないと貸出さず，貸出期間も短期が中心である。デットファイナンスは，資金コストが低いが，リスクと不確実性が大きく，回収も長期間を要するスタートアップには向かない。一般的に，スタートアップの資金調達において，デットファイナンスの利用が難しいといわれるが，最近日本の銀行もスタートアップ向けのローンを出している。ただし，これらは後期のシリーズC以降向けのものやストックオプションを活用するものが中心かと思われる。

エクイティファイナンスは，株式等による企業への出資である。エクイティは，確実な回収の依拠がなくても，高いリターンの可能性があれば，リスクとリターンの判断で投資される。そのため，スタートアップの資金調達においては，エクイティファイナンスが中心となる。ハイリスク・ハイリターンであるので，エクイティ投資家が高いリターンを期待する。スタートアップは通常配当しないため，エクイティ投資は，主に株価の上昇から回収される。IPOやM&Aは，エクイティ投資家にとっての投資回収の好機である。

株式には議決権がある。外部投資家が株式投資した結果，会社の議決権の構成に影響を与えることになる。会社の重要な意思決定における創業者の議決権への考慮は，エクイティファイナンスにおいて重要である。

（3）投資家の種類

スタートアップの株主は，ある意味では身内の内部株主と外部投資家に分けることができる。内部株主には，創業者，役員，従業員持株会等がある。外部投資家には，VC，プライベートエクイティ（以下，PEファンド），CVCと取引先などがある。内部株主は共通的利益が大きく，意思は統一しやすいが，外部投資家は，それぞれ異なる投資目的を持ち，リスク許容度も異なる（**図表3-2**）。

図表3-2　主な投資家と特徴

投資家	投資の主目的	関係	リスク許容度
エンジェル	株式売却益	経営支援	高
VC	株式売却益	経営支援・上場支援	高～中
CVC	事業投資	連携・シナジー効果	中～低
PEファンド	事業収入	経営指導・上場支援	中～低
取引先	取引拡大	業務提携	中～低
機関投資家	株式売却益	資金提供	低
銀行等	金利収入	資金提供	低

出所：筆者作成。

VCは企業の上場益や売却益の獲得を目的に投資する。そのため，投資期間は上場までや売却までと相対的に短いが，大きなリスクをとる。VCは，将来のIPOやM＆A時の株価を強く意識し，会社の戦略策定や運営において，株価最大化を追求する傾向がある。

プライベートエクイティ（Private Equity: PE）は，未上場企業や資産への投資を意味する。PEファンドは，未上場企業に投資し，企業の経営改善や成長を支援し，配当や売却益から投資回収をする。VCに比べ，PEファンドは相対的リスク回避的で，遅いシリーズに投資する。PEファンドには多くの種類があるが，経営改革や成長支援に熱心であり，上場益や売却益だけではなく，安定的な事業運営と利益配当を重視し，VCより長期的リターンを重視する傾向がある。複数企業に投資するPEファンドは，投資先の連携やグループ形成をも意識して行動する。

CVCは，大企業が新事業を展開する１つの手段である。CVCは，スタートアップの業績や株価より，投資元企業の将来事業戦略との整合性やシナジー効果への配慮に高い関心を持つ傾向がある。CVC投資は，非常に長期的投資になる可能性がある。協業や連携によって，投資元企業にもスタートアップにも新たな機会をもたらすことになる。

取引先の出資は，共通利益の構築や長期的取引関係の維持が主な目的である。株価よりも，取引量の拡大と安定化により関心を持つ。

このような多様な外部投資家による経営参加は，スタートアップに活力をもたらす。一方，多様な外部株主の意向や期待を調整することは大変な場合もある。株主の議決権は，会社の意思決定に影響を与える可能性があるからである。

3　議決権と種類株

（1）議決権

株主総会は会社の最高意思決定機関であり，総会の意思表示は，決議で行われる。決議には，特別決議と普通決議がある。普通決議は，議決権の過半数を有する株主が出席し，出席株主の議決権の過半数を必要とする決議方法である。決議方法は特定されていない決議，例えば，社長や役員の選定，監査役の選定などは，普通決議によって決まる。

特別決議は，議決権の過半数を有する株主が出席し，出席株主の議決権の2/3以上の賛成を必要とする。定款の変更，営業の譲渡，減資，会社の解散・合併など，会社の核心に関わる重要な事項が特別決議で決議する。一般的に，会社の新株発行は特別決議が必要であるし，「事業の全部や重要な部分」の譲渡において，売手側も買い手側も株主総会の特別決議が必要とされる。M&Aによる吸収合併等によって組織再編を行う場合も特別決議が必要となる。

議決権比率とその権限は**図表3-3**のとおりである。

図表3-3　議決権と権限（一部）

議決権比率	権限
2/3超	株主総会における特別決議
1/2超	株主総会における普通決議
1/3超	株主総会の特別決議の阻止
1/4超	（1/4超出資先の）相互持合株による議決権の制限
3/100	会計帳簿閲覧請求権

出所：筆者作成。

エクイティ調達の結果，外部投資家の議決権割合が増加し，創業者の議決権割合が減少する。内部株主は，意思統一しやすいが，外部投資家は，背景，投資目的やリスク許容度が異なるため，意思が統一されにくい場合がある。これは，株主総会における意見の不一致が生じ，会社の方向性設定に支障をきたす可能性がある。

スタートアップの初期ステージでは，創業者が会社を仕切ることが効率的な場合が多い。そのため，エクイティ調達において，創業者の議決権の割合を意識する必要がある。創業者が自らのビジョンや経営方針を実現するために，ある程度の議決権割合(2)を維持し，あるいは特定の外部投資家との協力関係を築くことが重要である。

（2）種類株

お金には色がないと言うが，デットとエクイティのように，資金には明確な違いがある。この違いは，返済順位と議決権の有無が含まれる。返済順位に関する取り決めを優先劣後順位と呼び，デットへの元利払いが優先されるため，デット資金の安全性が相対的に高く維持される。一方，エクイティ資金はデット回収後の残余資金から回収される劣後債権であるため，リスクが大きくなる。

通常，株式とは普通株を指す。普通株は標準的で典型的な株式であり，全株主が平等な権利を持つ。株主の権利には主に議決権，利益配当請求権，残余財産分配請求権などがある。普通株はこれらの権利に対して制限がないが，種類株はその一部の権利を優先したり，劣後したり，または消滅させたりすることができる。これらの権利に対する取り決めは，会社法で以下の９つが規定され，それに基づいて対応する種類株を発行することができる。

①剰余金の配当に対する権利の優先劣後
②残余財産の分配に関する権利の優先劣後
③議決権の行使権利の制限
④譲渡の権利の制限[(3)]
⑤取得請求権の付与[(4)]
⑥強制取得の権利[(5)]
⑦全部強制取得権利[(6)]
⑧総会の承認拒否権
⑨取締役・監査役の承認権

①と②は配当や残余財産分配に関する優先劣後の権利である。すなわち，株主間の優先劣後を決めることができる。③は議決権の一部または全部が制限される株であり，例えば，議決権がない株式も設計できる。⑧は，承認拒否権を有する株式で，一定の事項に関する株主総会の決議を，否決する権限を持つ株，いわゆる否決権を持つ黄金株は設計できる。⑨は，取締役または監査役の選任に関する事項について，選任権を持つ承認権付株式である。

種類株は，普通株と同様に返済する必要がないリスクマネーである。種類株を利用することによって，事業拡大から発生する外部資金調達と，創業者の議決権維持という相反のニーズを調整することができる。例えば，議決権に関心がない投資家には議決権を放棄してもらい，その対価として，残余資産の優先分配権利を付与することが可能である。このような株式は，通常優先株と呼ぶ。

また，拒否権付種類株式を利用して，創業者に一部の株主総会決議に対する拒否権を与えることで，出資構成に左右されずに企業に対する安定支配を実現することもできる。

種類株の価値と普通株の価値は，厳密に言うと違う。例えば，議決権放棄の対価と優先回収順位の経済価値は必ずしも同じではないので，優先株と普通株の価値も同じではない。ただ，IPOなどでは最終的にはすべての株式が普通株に転換されることが一般的である。優先株などの種類株と普通株の価値の違いは実際あまり意識されない。なお，フェイスブックやアリババ等創業者の株式に特別な議決権を残したまま上場する事例もある。

4　ストックオプション

ストックオプションは，企業が発行する新株予約権の一種である。ストックオプションを持つものは，一定期間内に発行時に設定された権利行使価格で新株の発行を会社に請求する権利を持つ。ストックオプションの権利行使価格は通常，発行時の株価より高く設定される。将来，株価が権利行使価格より高い場合，権利者はその差額分として権利行使益を得る（**図表3-4**）。ストックオプションは，企業の成長と権利者の利益，企業業績と権利者のインセンティブを結び付け，共通利益を作り出す仕組みの１つである。

スタートアップにおいては，通常ストックオプションの権利行使はIPO後に行われる。権利行使価格に比べ，IPO後の株価の大幅上昇が期待されるため，IPOの成功は，権利者に大きな権利行使利益をもたらす。

図表3-4　オプションの権利行使益と株価

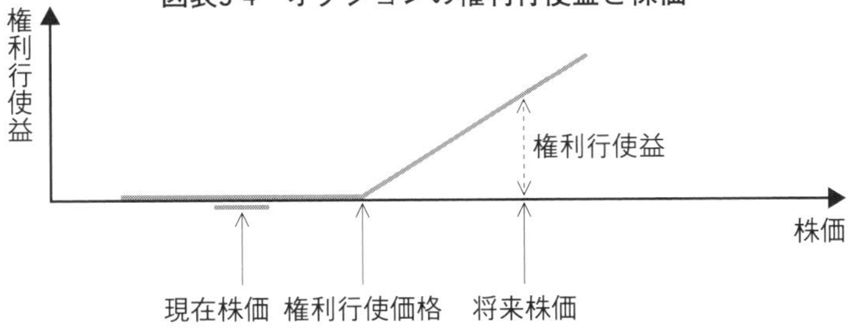

出所：筆者作成。

役員や従業員に対して，ボーナスとしてストックオプションを付与することはできる。これによって，企業は現金支出をしないで，ボーナスを支払うことができるうえ，高めの権利行使価格は，業績を向上させるインセンティブにもなる。賞与として付与されたストックオプションは通常，転売禁止，退職による権利消滅，権利行使期間制限等の制約を付ける。これらの制約は，優秀人材の引き留め，従業員との長期的コミットメントを促し，モチベーションと企業価値の向上に寄与すると思われる。

役員・従業員に付与する以外，ストックオプションには，以下の利用方法がある。

（1）子会社の役員・従業員に対する付与

会社は自社の役員や従業員だけではなく，子会社やグループ会社の役員・従業員に対して親会社のストックオプションを付与することができる。

（2）顧問料

経営コンサルタントや弁護士などの外部の専門家に対して，顧問料やコンサルティング料としてストックオプションを交付することができる。資金が不足しているスタートアップにとって，これは有効な「支払い手段」である。

（3）提携先への付与

業務提携や資本提携の提携先に対してストックオプションを付与することができる。これは持株の場合と異なり，当面の出資や配当支払は発生しないし，議決権も発生しない。権利行使の条件に，目標取引量の達成等を条件付けることもできる。ストックオプションを利用して，提携先との共通利益と取引拡大のインセンティブを積極的に作り出すことは可能である。

（4）転換権付デットファイナンス

スタートアップのリスクは，デットファイナンスにとってのハードルの1つである。例えば，金利の上限制限があり，リスクに見合う金利の設定が簡単にできない。

デット投資家にリスクに見合うリターンを提供する手段として，ストックオプションを活用した転換権付きデットである。デット投資家はデット債権を保有し，将来株式に転換できる権利（ストックオプション）も付与される。株式への転換により，金利以上のリターンを得ることが可能になる。

ストックオプションを利用して，会社が現金を支出しない従業員にインセンティブ報酬を払う仕組みは，会社と従業員の双方が利益を得るように見えるが，将来株価上昇した場合，相対的に低い権利行使価格で企業が株を発行することになり，株式の希薄化も起きる。このコストは，最終的には株主が負担する。このコスト，あるいは従業員が得る価値は，ストックオプションの価値である。安定で成熟した企業の場合，ストックオプションの価値はBlack-Scholesの計算式で評価されるが，スタートアップのストックオプションの評価はより複雑である。

提携先へのストックオプションの無償付与は，有利発行[7]という。有利発行のコストは結局的に株主の負担になるので，株主総会の特別決議が必要である。有利発行に対して，正当な対価と交換する発行は時価発行という。時価発行は，取締役会決議でできる。

転換権付デットファイナンスの事例に転換社債（Convertible Bond: CB）がある。CBは，株式と社債の双方の性質を併せ持つ。社債部分は，通常の社債と同様に約束された利子と満期元本償還を受け取る権利である。転換オプションは，一定期間内に約束の「転換価格」で株式に転換[8]する権利である。「転換価格」は，オプションの権利行使価格としてCB発行時に設定される。類似的な仕組みとして，転換権付きローンも可能である。

転換権付デットファイナンスは，利払いと満期元本償還が保証されるため，株式と違って，価値が大きく下落しない。また，転換権の行使によって，株価上昇によるメリットも享受できる。転換価格と付与する転換権の数量によって，投資家が負担するリスクも調整できる。ハイリスク・ハイリターンを狙う投資家だけではなく，ミドルリスク・ミドルリターン等幅広い投資家にも投資してもらい，低コスト資金が調達できることは，会社にとってメリットが大きい。また，転換権付きデットファイナンスは，将来株価の安定化にも資すると考えられる[9]。

5 企業価値

企業価値評価（Valuation）は，企業の価値，すなわち株式の価値を金銭的に評価するプロセスである。企業価値評価は，さまざまな目的に利用されるが，スタートアップにおいては，出資条件の設定や投資判断，IPO価格やM&A売却価格を決める際に重要な役割を果す。

評価の主な方法には，コストアプローチ，インカムアプローチ，マーケットアプローチがある。スタートアップの評価において，コストアプローチは通常使わない。インカムアプローチは，企業が生み出す将来利益やフリーキャッシュフローを現在価値に割いて評価する。将来利益等の推計は，事業計画と対応するため，会社にとってこの方法は使いやすいものである。マーケットアプローチは，類似会社の株価や取引価格を参考にして評価を行う。この方法は，類似会社の情報を多く把握しているVCなどの外部投資家には使いやすい。ここでは，インカムアプローチのDCF（Discount Cashflow）法とマーケットアプローチの乗数法（マルチプル法）を紹介する。

事業計画に基づいて，投資計画と資金計画等が作られる。それに基づいて，将来の事業規模，人員，成長予測，収益予測等が作られる。例えば，新しいサービスを展開する場合，各ステージにおける人員計画，人件費，賃料，売上などが事業計画から推計できる。事業を成長させるための設備投資，研究開発投資，運営資金なども計画から推計できる。これらの情報を基に，将来の資金流と利益が推定できる。成熟企業に比べ，スタートアップの場合は，安定した事業基盤や実績がないため，これらの数字の正確性は，ベストケースやワーストケースなどで幅を考慮して捉えることが適切であろう。

（1）利益とフリーキャッシュフロー

一般的に，企業価値や株主価値は，会社が生み出す将来利益の現在価値として捉える。安定的企業にとって，税引き後利益は最も重要な収益指標である。多くの投資をし続けるスタートアップにとって，フリーキャッシュフロー

（Free Cash-Flow：FCF）は重要な指標である。将来t時点のFCF（t）は以下のように計算される。

FCF(t) ＝ 税引後利益(t)＋減価償却(t)－投資(t)－運転資金増減(t)　（式１）

減価償却は，設備資産等の減価償却費用で，会計上はコストとして処理されるが，実質は投資資金の（元本）回収分であると考えられる。式１における投資は，企業が新しい資産や設備に投資する金額，運転資金増減は，事業規模に対応する運転資金の変動である。安定的企業は，減価償却とほぼ同額の設備投資が行われれば，計算上両者は相殺され，運転資金の大きな増減がなければ，FCFは税引後利益に収束する。

スタートアップの初期ステージにおいて，利益が出ない上，将来の成長のために大きな投資が行われ，規模拡大に応じて運転資金も大きく増加する。そのため，スタートアップの初期FCFは普通マイナスである。各シリーズの資金調達は，これらのマイナスのFCFへの手当である。

図表3-5　ステージとフリーキャッシュフローの概念図

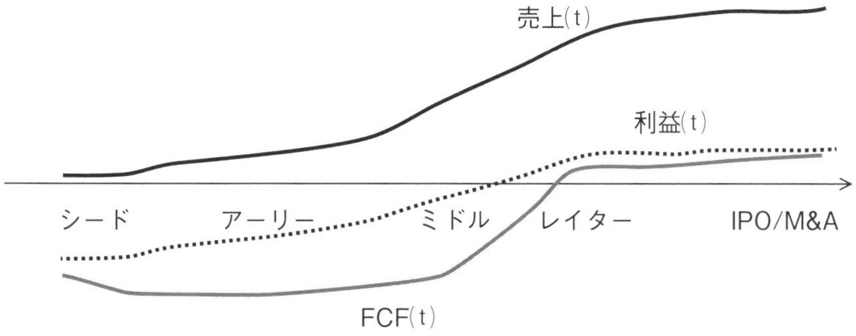

出所：筆者作成。

図表3-5から，スタートアップへの投資は，長期プロジェクトへの投資に似ていることがわかる。足元において，マイナスのFCFを埋めるための資金調達は，資金投入である。スタートアップの成長プロセスが複雑でダイナミック

であるため，通常成長途中の投資回収を考えない。スタートアップが目指す将来像は，持続的資金投入を必要としない自律的安定的に利益を出す企業であろう。すなわち，投資の回収時点は，会社業績が安定した将来である。具体的に，この将来時点は，事業が安定するレイターステージ以降であろう。事業が安定すれば，FCFは税引き後利益に収束するため，安定期の価値は，税引き後利益を中心に評価できる。

（２）DCF法と割引金利

現在の株主から**図表3-5**を見ると，将来のマイナスFCFは必要な追加投資金額で，将来のプラスFCFは投資回収に該当する。原理的に，将来のすべてのFCFの現在価値を計算し，そのNPV（Net　Present Value）は現在の株主に帰属する価値である。この方法はプロジェクト評価と類似的で，会社にとって使いやすい方法である。

割引計算における割引値は，以下のように計算される。

$$割引値＝1／(1＋割引金利)^{年数} \qquad （式２）$$

割引金利は，投資家が要求する収益率でもある。上場会社の株主要求収益率は通常，CAPMモデルを使用して推計される（式３）。

$$要求収益率＝国債長期金利＋ベータ＊リスクプレミア \qquad （式３）$$

ベータは会社のリスクを表し，高いほど投資家の要求収益率が大きい。国債長期金利を１%程度，リスクプレミアを７%程度と仮定すれば，平均的な上場会社（ベータ＝1）への要求収益率は約８%になる。リスクが高くベータが２である会社なら，投資家の要求収益率は約15%になる。スタートアップはリスクがより高いため，より高い収益率が要求される。

図表3-6は，米国のVCがスタートアップ投資における要求目標収益率の一例である。Start-upステージ（シード相当）投資の目標収益率は50%～70%である。アーリー相当のFirst stage投資の目標収益率は40%～60%であり，ミドル相当

のSecond stage投資の目標収益率は35%～50%である。早期のステージほどリスクが大きく，要求収益率も高い。レイターに相当するBridgeステージ投資の目標収益率は25%～30%である。これらの数字は，CAPMの要求収益率の体系とおおよそ整合的であろう。

図表3-6　米国のベンチャーキャピタルの目標収益

Stage	Target rates of return
Start up	50~70%
First stage	40=60%
Second stage	35~50%
Bridge/IPO	25~30%

出所：Damodran. A (2009)

（3）ターミナル価値

DCF法において，原理的に将来のすべてのFCFを把握する必要がある。実際，あまり遠い将来の予測は困難である。そのため，ある将来時点をターミナル時点とし，それ以降の事業が安定すると仮定して展開することが多い。例えば，ターミナル時点以降の利益が安定するなら，ターミナル時点の企業価値（以下，ターミナル価値）はゴードンの式で，以下のように計算できる。

ターミナル価値＝ターミナル時点の利益　/（割引金利－成長率）　　（式４）

このターミナル価値をさらに現在に割り引くことでその現在価値が得られる。ターミナルは，その時点に投資を終了し，株式をターミナル価値で売却・処分するというニュアンスもあるが，どちらかといえば，スタートアップの成長の終着点と考えるとわかりやすい。ダイナミックな成長が終わり，企業が安定し，FCFも税引き後利益に収束するので，それ以降の価値はターミナル価値で代替すると理解するとよい。

すなわち，ターミナル時点は，事業が安定期に入る時点を選ばなければならない。レイターステージやIPO時点等を選ぶのは適切であろう。安定期に入った事業は，外部からの資金追加なしで自律的に運営できるようになる。例えば，利益が安定的に成長すると仮定すれば，DCF法におけるターミナル価値は，ターミナル時点の利益，成長率と割引金利を利用して推計できる。

（4）乗数法（マルチプル）

式4におけるターミナル価値の計算は，下記のように書き換えることができる。

ターミナル価値＝ターミナル時点の利益＊乗数　（式5）

ここの乗数は，1/（割引金利－成長率）で算出される。割引金利や（利益の）成長率が類似している会社なら，この乗数も類似すると考えられる。ある意味では，乗数を理論的に導出できなくても，類似会社のデータを利用して推定した乗数を利用することが可能である。このように，類似会社の市場価格から乗数を推定する方法は，マーケットアプローチである。

拡張された乗数法は，式6のとおり，事業の重要指標とターミナル価値の対応関係（乗数）を利用するものである。

ターミナル価値＝ターミナル時点の事業指標＊対応乗数　（式6）

式6に利用される主な指標は，売上類指標，利益類指標と資産類指標があり，それぞれ利益（税引き利益，EBIT，EBITDA）乗数法，売上乗数法，（純）資産乗数法と呼ばれることがある。将来指標の予測において，資産指標は相対的に予測しやすく，利益指標が予測しにくい。一方，ターミナル価値の推定において，利益乗数法の方が相対的に精度が高く，売上乗数法と資産乗数法の順で精度が落ちる。どの乗数法を使うのか，対象事業の将来予想可能性を軸に考えるべきであろう。また，複数の乗数法を組み合わせて使う方法も考えられる。

乗数法は理論的複雑さがなく，仕組みは簡単で柔軟性の高い。対象の成長性やリスク等に応じて乗数に対する調整も直感的にしやすい。乗数法において，類似企業選定は最も重要な作業である。類似企業は，業種，製品・サービス，ビジネスモデルなどの要因を軸に選定するが，類似性や成長性などの定性的情報も利用する。推定されるも業種，製品・サービス，ビジネスモデルなどを軸にある程度のコンセンサスが存在する。乗数法の弱点は，類似企業の選定に恣意性が入りやすいし，類似企業が存在しない場合もある。一般的に，多くの比較情報を把握するVCは，乗数法の運用ノウハウを豊富に所有する。

6 おわりに

スタートアップのファイナンスを円滑に進めるためには，会社と投資家間のコミュニケーションと相互理解が重要である。本章は，投資家への理解のためのいくつかの問題を解説した。ステージと資金調達，エクイティとデット，議決権と種類株，ストックオプションの利用などについて紹介し，企業価値評価に関して，DCF法と乗数法を紹介した。投資家の気持ち，投資家の狙いを理解する第一歩として利用していただきたい。

スタートアップの事業内容は不確実性が高く，リスクが大きいことは客観的な事実である。投資家の判断は，理解しにくい要因が多い状態下に行われる。その際，投資家にとっての判断材料は，もちろん，企業のコア技術や新しい製品・ビジネスモデルのアイデアが最重要であるが，創業者の意志と精神力，会社の資金調達能力と管理能力も非常に重要である。企業の新しい技術や製品・ビジネスモデルを投資家に伝えるには，エンジニア部門や企画部門が中心になるが，創業者の意志・精神力，資金調達能力・管理能力を投資家に伝えるのは，創業者自身とCFO（Chief Financial Officer）の役割ではないかと思われる。

CFOは，社内的に資金調達，収益予測，予算管理，リスク管理などを通じて，会社の内部管理と企業価値の安定化などに貢献する。対外的に，CFOは投資家との関係を構築し，維持する重要な役割を果す。投資家に対して，会社の事業計画や財務情報を正確に提供し，会社の魅力を伝え，会社への理解を深めるのはCFOの重要な仕事である。CFOは会社と投資家との窓口でもあるため，その挙動は投資家の判断に大きな影響を与える。その意味で，実績があるCFOチームを構築することは，投資家の信頼を獲得し，資金調達円滑化の有効対策の第二歩である。

Review & Discussion

① エクイティファイナンスの結果，議決権の構造が変化する。議決権の構造による意思決定への影響を整理し，創業者側が確保すべき議決権の割合について考えてみよう。

② ストップオプションはどのような利用シーンが考えられるのか，整理してみよう。

③ DCF法，ターミナル価値と乗数法の間の関係性について，説明してみよう。

［注］

(1) 2017年の数字，INITIAL Enterprise社による。
(2) 例えば，1/3超の議決権を維持することで，会社の方向性に対する影響力を保有する。
(3) 譲渡について会社の承認を要する株式，譲渡制限株式。
(4) 株主が会社に株式の取得を請求できる取得請求権付株式。
(5) 一定の事由が条件に，会社が対象株を取得する権利も有す株式。
(6) 株主総会の特別決議により会社が全株取得する株式。
(7) 無償を含む対価が明らかに低い発行を有利発行という。
(8) 元本が100円，転換価格が200円，利子が10％のCBを考える。転換価格が200円なので，元本100円の社債が0.5株に転換できる。株価が低いとき（例えば80円）転換せず，元本100円の10%の社債として持つ。株価が高く400円になった場合，0.5株に転換することで200円になるため，投資家は権利行使する。転換価格を設定することで，多様なCBを作り出すことができる。
(9) 一般的に，将来の株価が高い時，転換権が行使され，相対的低い権利行使価格で株を購入する人がいて，株式の希薄化も発生するため，転換権付きデットファイナンスは，株価の上昇を抑える力がある。株価が上昇しない場合，転換権が行使されず，企業が安い金利のメリットを享受し，株価の底支え効果がある。

〈参考文献・資料〉

INITIAL Enterprise（2022）「Japan Startup Finance―国内スタートアップ資金調達動向決定版 2023」。
Damodaran, A.（2009）Valuing Young, Start-up and Growth Companies: Estimation Issues and Valuation Challenges, Stern School of Business, New York University.
Everett, C.R.（2018）2018 Private Capital Markets Report, Pepperdine University Pepperdine Digital Commons.
経済産業省（2022）「スタートアップの成長に向けたファイナンスに関するガイダンス」。

（王 京穂）

第4章

スタートアップビジネスと税務

●本章のねらい●

事業において，税負担の問題は重要課題のひとつである。適切な納税はスタートアップビジネスが成功するための当然の前提であるが，同時に税金は事業におけるコストでもある。

事業形態の種類ごとに税金の計算方法は異なり税負担額も変わる。そのため，事業者は，起業時に事業形態を選択する際，税の取扱の差異も含めてメリット・デメリットを比較・検討することが必要である。

2022年６月の「経済財政運営と改革の基本方針2022」（骨太方針）の中で，新しい資本主義に向けた重点投資分野の１つとして「スタートアップ（新規創業）への投資」が掲げられ，同年11月の「スタートアップ育成５か年計画」を受けて，令和５年度税制改正において税制措置が講じられた。その内容は，スタートアップ育成５か年計画に示された３本柱（①スタートアップ創出に向けた人材・ネットワークの構築，②スタートアップのための資金供給の強化と出口戦略の多様化，③オープンイノベーションの推進）に対応しており，スタートアップ強化を税制面から後押しするものである。

スタートアップだけでなく，中小企業に対しては各種の優遇措置が講じられている。財政基盤の強化，設備投資による競争力強化，技術力強化等のため，これらを上手に活用することが事業を成功させるうえで重要である。

キーワード

事業形態，法人成り，エンジェル税制，ストックオプション税制，オープンイノベーション促進税制

1 はじめに

スタートアップビジネスに取り組むあなたは，税金をどのように捉えるべきだろうか。

まず，納税は憲法に定められた国民の3大義務の1つである。

税金は「社会の会費」あるいは「文明の対価」だといわれる。およそ人間は社会的な動物であり，毎日歩く道路にしても，政府しか提供できない警察や防衛の機能にしても，税金を原資に国などが提供するサービスを享受して生活している。

また，ビジネスを行う上でも，事業の運営に不可欠なインフラ，例えば株式などの市場や不当な取引からの保護を定めた法律などから無数の便益を享受している。

さらに，適切な納税を怠った場合には，社会からの厳しい批判を覚悟しなければならず，信用の低下は売上や利益の大幅な減少につながるかもしれない。

一方で，税金は，ビジネスにおける典型的なコストでもある。

そのため，法令の許す範囲で税負担の最小化を検討することも必要である。本章で解説されるのは法令が想定する節税であり，仮装・隠蔽等の不正行為や脱税等とは異なることから，経営者たるもの，活用しなければ怠慢にもなりかねない。あなたの事業が株式会社であれば，税引き後の（配当可能）利益を最大化することがその存在意義であるとも言える。

税金にはこのように相反する2つの性格がある。スタートアップビジネス経営者には，この両者を十分理解したうえで，深い洞察力をもって最適な方向性を定めることが求められている。

2 スタートアップビジネスと事業形態

（1）事業形態の選択と「法人成り」

あなたがまさにビジネスを始めようとする時に，どのような事業形態を選ぶことが最も望ましいだろうか。

特段の準備を行わなければ個人事業の形でスタートすることになるが，本節で触れるようなさまざまなメリット・デメリットを考慮して，最初から会社（←(2)①のとおりほとんどの場合は「法人」）形態が選択されることも少なくない。また，個人事業として起業した後で会社形態に変更されることも多く，よく知られているように，これは一般に「法人成り」と呼ばれている。

（2）個人形態と会社形態

①会社について

会社形態を採る場合には，わが国では具体的に，「法人」（会社法3条）である①株式会社または②いわゆる持分会社（合同会社，合名会社，合資会社）が考えられるが[(1)]，後掲3で見るように，現状はほとんどの場合に「株式会社」が，次に「合同会社」が選択されている。

②個人vs.法人

講学上は，個人事業に対して法人形態をとることの利益（benefit）として，①有限責任性（無限責任からの解放），②株式の流動性（資本調達が促進・簡易化される。株式市場があれば特に），③利害調整コスト（agency cost）の減少（(i) 株主，(ii) 債権者，(iii) 従業員，(iv) 取引先，(v) 顧客といった関係者間の利害対立が防止または緩和される），といったことが挙げられている。

しかし，通常最も重視されるのは，善し悪しは別にして，やはり税金＝税負担の問題である。

③税務上のメリット・デメリット：その1＝概要

わが国では，以下のとおり，個人に対する所得税は累進税率，法人に対する法人税は比例税率を採用している。このため，単純に所得額に対する税額を比較すると，当初は法人税が，一定額以上になると所得税の方が，納税額が多くなる。

しかし，ここでのポイントは，個人と法人の税務上のメリット・デメリットは単純にこうした（予想される）稼得所得に対する適用税率のみでは判断できず，もう少し複雑な検討を要する，ということである。

図表4-1　所得税と法人税の税率構造

◆所得税率

課税所得金額	税　率	控除額
1,000円～194万9,000円	5%	0円
195万円～329万9,000円	10%	97,500円
330万円～694万9,000円	20%	427,500円
695万円～899万9,000円	23%	63万6,000円
900万円～1,799万9,000円	33%	153万6,000円
1,800万円～3,999万9,000円	40%	279万6,000円
4,000万円以上	45%	479万6,000円

◆法人税率

区　分				税　率
普通法人	資本金１億円以下の法人など	年800万円以下の部分	下記以外の法人	15%
			適用除外事業者（注）	19%
		年800万円超の部分		23.20%
	上記以外の普通法人			23.20%

（注）前３年事業年度の所得金額の年平均額が15億円を超える法人等

④税務上のメリット・デメリット：その2＝個人vs.法人の考え方

ア 基本

(i) 所得税率は５%から累進的に上昇し，最高税率（45%）は法人税の約２倍。一方法人税率は基本的に常に23.2%。このため，所得に対する税額（負担率）がクロスするポイントがあり，現行法（2023年12月現在）では1000万円弱でそのポイントに達する。

(ii) 個人事業主は所得税（＋個人住民税）の負担のみであるが，
法人形態を採用した場合の税額は，以下の①～③に分解･分散される。
①法人所得に対する税金
②事業主＝社長の報酬（給与所得）に対する税金
③法人に留保した所得を個人に移転する際の税金

イ　個人と法人の課税の概要

所得を稼得した年度の税額の計算は以下のように行われる。

個人事業者の場合（＝1のみ）	会社の場合（＝1・2の合計）
1　事業所得 × 所得税率（累進）	1 ［所得－（役員）給与※1］× 法人税率（定率） ＋　※1損金化要件を満たすこと 2　給与所得※2 × 所得税率（累進） ※2給与所得控除あり

ウ　その他の留意点

(i) スタートアップビジネスの経営者は通常「役員」となるため，給与の損金化には役員給与の損金化要件[(2)]（法人税法34条）を満たす必要がある。

(ii) 課税後に法人に留保された所得はあくまで法人のものであり，（事業に使用すれば問題ないが）経営者個人に移転する際には，再度①配当所得や②株式譲渡益に対する課税[(3)]が発生する。

(iii) （スタートアップ時点の話ではないが）将来の「事業承継」を，株式（持分）の移転によって行うことができる。

（3）選択の状況について

実際の事業形態の選択は，統計資料から見ると以下の状況となっている。

①個人事業者

2023年分の確定申告を行った「事業所得者」の人員は379万4千人（対前年比▲2.1％）である（図表4-2）。

図表4-2　所得税等の主たる所得区分別申告人員

	確定申告人員	申告納税額がある方	還付申告	申告納税額がない方	増減率			
						納税	還付	ゼロ
	千人	千人	千人	千人	%	%	%	%
合計	22,951	6,534	13,327	3,090	＋0.4	▲0.5	＋0.2	＋3.4
事業所得者	(16.5) 3,794	(25.1) 1,638	(6.6) 886	(41.1) 1,269	▲2.1	▲6.6	▲0.6	＋3.2
その他所得者	(83.5) 19,157	(74.9) 4,896	(93.4) 12,441	(58.9) 1,821	＋0.9	＋1.7	＋0.3	＋3.4

（注）1　翌年３月末日までに提出された申告書の計数。
　　　2　括弧書は，合計に対する割合（構成比）。
出所：国税庁（2023b）表3-1。

②法人

令和３年度では約285万の法人が存在し，そのほとんどは「株式会社」（約260万社：91.2%）で，次に多いのが「合同会社」（約16万社：5.6%）である。

つまり，個人で事業を営み所得税を申告している方は全国に約380万人，一方で法人は全国に300万社弱存在し，そのうち大部分は「株式会社」で，比較的新しい会社形態である「合同会社」も一部で使用されている状況にある。

③参考：株式会社と合同会社

選択の参考のために最も利用されている株式会社と合同会社の特徴を簡単にまとめておくと以下のとおり。

(i) わが国の合同会社（日本版LLC）は，有限責任社員のみからなる持分会社（会社法576条４項）であり，この点は株式会社と同じである（ちなみに，パススルー（構成員）課税方式が認められない点が米国のLLC（Limited Liability Company）と顕著に異なっている）。

(ii) 両者の主要な違いは次のとおり。

・一般的には，株式会社の方が社会的な信用度が高いと考えられている
・合同会社の方が，①設立費用（登録免許税，定款認証費用等）が若干少ない，②経営と株主の分離がない（出資者＝経営者），③決算（計算書類）の「公告」義務がない，④利益配分の自由度が高い

図表4-3　法人数の内訳

（その１）単体法人

区分		青白区分		同非区分			組織区分					計
		青色	白色	特定同族会社	同族会社	非同族会社	株式会社	合名会社	合資会社	合同会社	その他	
（資本金階級）		社	社	社	社	社	社	社	社	社	社	社
100万円	以下	538,602	7,797	–	520,577	25,822	393,018	2,207	7,306	118,347	25,521	546,399
100万円	超	80,082	931	–	78,561	2,452	66,216	324	1,516	10,503	2,454	81,013
200万円	〃	1,136,232	9,076	–	1,126,450	18,858	1,108,096	412	2,167	23,555	11,078	1,145,308
500万円	〃	705,032	3,954	–	686,334	22,652	683,564	248	1,053	6,343	17,778	708,986
1,000万円	〃	143,682	532	–	133,546	10,668	135,183	67	229	338	8,397	144,214
2,000万円	〃	149,996	487	–	139,485	10,998	142,178	54	185	339	7,727	150,483
5,000万円	〃	53,344	152	7	49,346	4,143	51,571	12	23	228	1,662	53,496
1億円	〃	10,579	21	2,603	6,339	1,658	10,041	1	1	84	473	10,600
5億円	〃	1,523	3	242	858	426	1,427	–	–	17	82	1,526
10億円	〃	2,915	2	254	1,709	954	2,610	–	1	10	296	2,917
50億円	〃	721	1	26	404	292	625	–	–	2	95	722
100億円	〃	1,018	–	29	487	502	833	–	–	7	178	1,018
計		2,823,726	22,956	3,161	2,744,096	99,425	2,595,362	3,325	12,481	159,773	75,741	2,846,682
構成比		%	%	%	%	%	%	%	%	%	%	%
100万円	以下	98.6	1.4	–	95.3	4.7	71.9	0.4	1.3	21.7	4.7	100.0
100万円	超	98.9	1.1	–	97.0	3.0	81.7	0.4	1.9	13.0	3.0	100.0
200万円	〃	99.2	0.8	–	98.4	1.6	96.8	0.0	0.2	2.1	1.0	100.0
500万円	〃	99.4	0.6	–	96.8	3.2	96.4	0.0	0.1	0.9	2.5	100.0
1,000万円	〃	99.6	0.4	–	92.6	7.4	93.7	0.0	0.2	0.2	5.8	100.0
2,000万円	〃	99.7	0.3	–	92.7	7.3	94.5	0.0	0.1	0.2	5.1	100.0
5,000万円	〃	99.7	0.3	0.0	92.2	7.7	96.4	0.0	0.0	0.4	3.1	100.0
1億円	〃	99.8	0.2	24.6	59.8	15.6	94.7	0.0	0.0	0.8	4.5	100.0
5億円	〃	99.8	0.2	15.9	56.2	27.9	93.5	–	–	1.1	5.4	100.0
10億円	〃	99.9	0.1	8.7	58.6	32.7	89.5	–	0.0	0.3	10.1	100.0
50億円	〃	99.9	0.1	3.6	56.0	40.4	86.6	–	–	0.3	13.2	100.0
100億円	〃	100.0	-	2.8	47.8	49.3	81.8	–	–	0.7	17.5	100.0
計		99.2	0.8	0.1	96.4	3.5	91.2	0.1	0.4	5.6	2.7	100.0

出所：国税庁（2023a）第11表

3 青色申告の選択

(1) 青色申告

個人・法人いずれの事業形態をとっても，比較的初期に検討が求められる重要な問題として，青色申告を選択するか否かの判断がある。

下記（2）の**図表4-4**のように，青色申告には，(1) 帳簿書類を調査したうえでなければ更正（追徴課税）されない，(2) 白色申告では認められない経費（損金）が認められる，といった多くのメリットがある。反対にデメリットは，適切な帳簿書類を備え付けて取引を記録し，かつ，保存しなければならない[4]ことである。

一般的に，「取引の記録と記帳」は自分のビジネスの状況を正しく把握するためにもいずれ不可欠となるため，（複式簿記に基づく記帳体制がまだ整わないような）本当の立ち上げ時期を除けば，青色申告を選択してそのメリットを活用すべきである。

個人・法人ともに，青色申告を利用するためには，あらかじめ税務署長に「青色申告の承認申請書」を提出して承認を受けること（所法144，法法122）が必要である[5]。

(2) 青色申告の特典

青色申告の特典を個人および法人別に示すと，**図表4-4**のとおりとなる。

図表4-4　青色申告による特典の概要

◆個人

根拠法	特典の内容
所得税法	専従者給与を原則全額必要経費算入（所法57①） （白色：１人最高50万円（配偶者は86万円）を控除（所法57③））
	現金主義による計算（前々年分の不動産及び事業所得が300万円以下の場合）が可能（所法67）
	純損失の３年間の繰越控除（所法70①） （白色：変動所得又は被災事業用資産の損失に限定（所法70②））
	純損失の繰戻還付（所法140，141）
	帳簿調査に基づかない更正の制限（所法155①，156）
	更正通知書への理由附記（所法155②） （白色：不利益処分に対して理由附記（通則法74の14））
	貸倒引当金，退職給与引当金等の引当金（所法52，54） （白色：貸倒引当金のみ）
	棚卸資産の評価方法に低価法が可能（所令99①）
租税特別措置法	青色申告特別控除（措法25の２） 最高55万円。電子保存・電子申告の場合65万円。
	中小事業者の少額減価償却資産の取得価額の必要経費算入（措法28の２） 取得価額30万円未満の全額（年間取得価額総額300万円超の部分は対象外）
	減価償却費（特別償却）（措法10の３ほか）
	準備金の必要経費算入（特定船舶に係る特別修繕準備金等）（措法21ほか）
	所得税額の特別控除（試験研究，中小企業者の機械取得等）（措法10，10の３ほか）

出所：国税庁税務大学校（2023a）を基に筆者一部修正。

◆法人

根拠法	特典の内容
法人税法	欠損金の10年間繰越控除（法法57）
	欠損金の繰戻しによる法人税額の還付（法法80）
	帳簿書類の調査に基づく更正（明白な計算誤り除く。）（法法130①）
	更正通知書への理由付記（法法130②）
	推計による更正又は決定の禁止（法法131）
租税特別措置法	特別償却又は割増償却（措法42の６①，42の10①，42の11①，42の11の２①，42の11の３①，42の12の４①，42の12の６①，42の12の７①～③，43，43の２，44～48）
	各種準備金等の積立額等の損金算入（措法55～57の６，57の８，58，61の２）
	各種の法人税額の特別控除（措法42の４，42の６②，42の９，42の10②，42の11②，42の11の２②，42の11の３②，42の12，42の12の２，42の12の４②，42の12の５，42の12の６②，42の12の７④～⑥）
	所得の特別控除等（措法59，60）
	中小企業者等の少額減価償却資産の取得価額の損金算入（措法67の５）
	課税の特例等（措法59の２，61，61の３，66の10，66の11の２，66の11の４，67の７）

出所：国税庁税務大学校（2023b）を基に筆者一部修正。

4 エンジェル税制 －スタートアップへの資金供給強化－

（１）概要

エンジェル税制は，スタートアップへの投資を促進するための，個人投資家（エンジェル投資家）に対する税制上の優遇措置（特例措置）である。

個人投資家は，スタートアップに出資して株式を取得し，その後株式の譲渡をするが，投資時点と株式譲渡時点それぞれのタイミングで優遇措置を受けることができる。従来のエンジェル税制であるいわゆる優遇措置Ａ（寄附金控除）と優遇措置Ｂ（株式譲渡益からの控除）に加え，令和５年度の税制改正により，いわゆるプレシード・シード特例[6]と起業特例[7]が創設され，スタートアップへの資金供給のための優遇措置の充実が図られている。

（２）投資時の優遇措置

投資時の優遇措置をまとめたものが**図表4-5**である。

図表4-5　投資時の優遇措置

措置の種類	控除対象	控除先	措置内容	控除上限額	設立年数
優遇措置A	対象企業への投資額全額−2,000円	その年の総所得金額から控除	課税繰延	総所得金額×40%と800万円のいずれか低い方	５年未満
優遇措置B	対象企業への投資額全額	その年の株式譲渡益から控除	課税繰延	上限なし	10年未満
プレシード・シード特例	対象企業への投資額全額	その年の株式譲渡益から控除	非課税	上限なし（非課税となるのは20億円の出資までで，それを超える分は課税繰延）	５年未満
起業特例	企業設立時の自己資金による出資額全額	その年の株式譲渡益から控除	非課税	上限なし（非課税となるのは20億円の出資までで，それを超える分は課税繰延）	１年未満

出所：経済産業省HP「エンジェル税制の概要」を基に筆者一部修正。

（３）株式譲渡時の優遇措置

未上場株式（一般株式等）は，本来は譲渡損失が生じても一般株式等の譲渡益としか損益通算できない。しかし，エンジェル税制の適用を受けた株式の譲渡損失は，一般株式等のみならず上場株式等とも損益通算ができる。また，本来は一般株式等は繰越控除できないが，エンジェル税制により，その年に控除しきれない損失を翌年以降3年にわたり株式譲渡益から控除することができる。

（4）エンジェル税制の対象要件

エンジェル税制の適用を受けるためには，払込みをした日時点で，投資家（個人）と投資先（スタートアップ企業）が**図表4-6**に示す要件を満たす必要がある。なお，エンジェル税制が適用されるスタートアップ株式の取得方法(8)のうち，ここでは「投資家が株式を直接取得する場合」のみ取り上げている。

図表4-6　個人要件／企業要件

区分	要　件
個人要件	投資先スタートアップが同族会社である場合には，持株割合が大きいものから第3位までの株主グループの持株割合を順に加算し，その割合が初めて50%超になる時における株主グループに属していないこと
	投資した会社に自らが営んでいた事業の全部を承継させた個人及びその親族等でないこと
	金銭の払込みにより，スタートアップが新規に発行した株式を取得していること
企業要件	設立5年未満の中小企業者であること（優遇措置Bについては，設立10年未満）
	設立経過年数ごとの要件を満たすこと（図表4-7参照）
	外部からの投資を1／6以上取り入れている会社であること（プレシード・シード特例の適用を受ける場合は，1／20以上取り入れている会社であること）
	大規模法人グループの所有に属さないこと
	未登録・未上場の株式会社であること
	風俗営業等に該当する事業を行う会社でないこと

出所：経済産業省HP「エンジェル投資に対する措置」を基に筆者作成。

（5）エンジェル税制申請から確定申告までの流れ

エンジェル税制を利用するには，まずスタートアップが都道府県へエンジェル税制適用対象企業であること，投資が行われたこと等の確認申請を行う。申請を受けた都道府県は，確認後，スタートアップへ「確認書」を交付する。この確認書をスタートアップは個人投資家へ送付し，個人投資家が確認書を確定申告の際に税務署に提出して手続等は完了となる。

（措法37の13，37の13の２，37の13の３，41の９等）

図表4-7　設立経過年数ごとの要件

<table>
<tr><th>設立経過年数
（事業年度）</th><th colspan="3">優遇措置A</th><th>優遇措置B</th><th colspan="3">プレシード・シード特例</th></tr>
<tr><td>１年未満
かつ
最初の事業
年度未経過</td><td>（A）</td><td>かつ</td><td>成長発展に向けた事業計画を有する</td><td>（A）</td><td rowspan="5">優遇措置Bの要件</td><td>かつ</td><td>成長発展に向けた事業計画（試験研究費等の対出資金額比率30%超の見込を記載）を有する</td></tr>
<tr><td>１年未満
かつ
最初の事業
年度経過</td><td>（A）
又は
（B）</td><td rowspan="4">かつ</td><td rowspan="4">直前期までの営業キャッシュ・フローが赤字</td><td>（A）
又は
（E）</td><td rowspan="4">かつ</td><td rowspan="4">【売上高＝０の場合】
営業損益＜０

【売上高＞０の場合】
営業損益＜０
かつ
試験研究費等の
対出資金額比率30%超</td></tr>
<tr><td>１年以上
２年未満</td><td>（B）
又は
（C）
又は
（D）</td><td rowspan="2">（C）
又は
（D）
又は
（E）</td></tr>
<tr><td>２年以上
３年未満</td><td>（B）
又は
（D）</td></tr>
<tr><td>３年以上
５年未満</td><td>（B）</td><td>（D）
又は
（E）</td></tr>
<tr><td>５年以上
10年未満</td><td colspan="3">対象外</td><td>（F）</td><td colspan="3">対象外</td></tr>
</table>

（注）（A）：研究者あるいは新事業活動従事者が２人以上かつ常勤の役員・従業員の10%以上
（B）：試験研究費等が収入金額の５%超
（C）：新事業活動従事者が２人以上かつ常勤の役員・従業員の10%以上
（D）：売上高成長率が25%超
（E）：試験研究費等が収入金額の３%超
（F）：試験研究費等が収入金額の５%超
出所：経済産業省HP「エンジェル投資の場合の個人・企業要件」を基に筆者作成。

5　ストックオプション税制－優秀人材の確保－

（1）スタートアップとストックオプション

ストックオプション（以下，SO）は，法人が役員，使用人等に対し，自社の株式を将来の一定期間内に一定価格等で購入できる権利を付与するもので，報酬の１つの形態として活用されている。SOを付与された者は，将来，株価が上昇した場合は，あらかじめ決められた低い価格（行使価格）で株式を購入

（権利行使）し，それを時価で売却することにより，時価と行使価格の差額相当分の利益を享受できる[9]。スタートアップは，SOを活用して，自社の成長に必要な優秀人材の獲得やその定着を図ることができるほか，資金繰りに役立てることができる。

（2）ストックオプションに対する課税関係

SOには，税制適格SOとそれ以外のSOがある。税制適格SO以外かつ無償の場合は，①権利行使時に給与所得課税等が，②株式売却時に譲渡益課税がそれぞれ行われる。しかし，これだと行使者は，行使時に権利行使価額分の現金払込に加え，現金収入がないにもかかわらず所得税を支払わなければならず負担である。さらに，もし行使後すぐ売却できず，その後株価が下落した場合は資金負担のみが残るリスクもある。この問題を解消するのが税制適格SOである。税制適格SOでは，権利行使時の給与所得課税は繰り延べられ，株式売却時に売却価格と権利行使価額との差額が譲渡益課税される（**図表4-8**）。

図表4-8　ストックオプションの課税関係

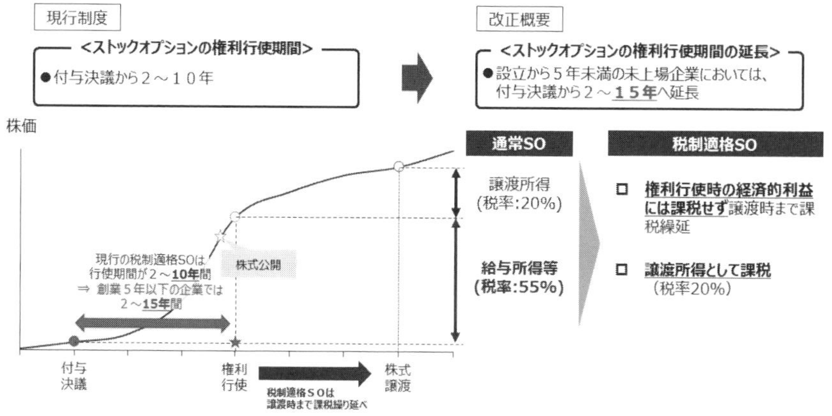

出所：経済産業省HP「ストック・オプション税制」。

（３）税制適格ストックオプションの要件

税制適格SOの主な要件をまとめると，**図表4-9**のとおりである。

なお，事業化まで長期間を要する研究開発型のスタートアップ等を後押しするため，権利行使期間が令和５年度税制改正で延長された（図表4-8）ほか，税制適格SOを利用しやすくするため，令和６年度税制改正では，権利行使限度額の引上げ，社外高度人材要件や保管委託要件の緩和等が行われている。

（措法29の２，措令19の３，措規11の３等）

図表4-9　税制適格ストックオプションの要件

事　項	内　容
付与対象者	・自社及びその子会社の取締役・執行役・使用人 ・一定の要件を満たす社外高度人材（弁護士や専門エンジニア等）
発行価格	無償発行
権利行使期間	権利付与決議日後，２年を経過した日から10年を経過する日まで （設立５年未満の非上場会社は15年を経過する日まで）
権利行使限度額	年間の合計額が最大3,600万円以下
権利行使価額	付与契約時の株式時価以上
譲渡制限	ストックオプションについて譲渡禁止規定があること
保管委託	権利行使により取得した株式が証券会社等に保管・管理等信託されていること（ただし，一定の条件を満たす場合は不要）

出所：経済産業省HP「ストックオプション税制　税制適格ストックオプションの主な要件について」を基に筆者作成。

6　オープンイノベーション促進税制 －出口戦略の多様化－

（１）概要

本税制は，対象会社がスタートアップ企業との協働により生産性の向上や新たな事業の開拓など（オープンイノベーション）を行うため，①そのスタートアップ企業の新規発行株式を一定額以上取得した場合（新規出資型），または②そのスタートアップ企業の発行済株式を購入によって取得し，議決権の過半数を有することとなる場合（M&A型）に，その株式の取得価額の25%を課税所得の計算上，損金の額に算入するというものである[10]。

令和５年度税制改正により②が追加され，IPOに偏りがちなスタートアップ企業の出口戦略に対し，税制面からM&Aを後押しすることで，スタートアップへのさらなる投資促進が図られている。

（２）対象法人の要件

本税制の対象法人は，青色申告書を提出する法人で，スタートアップ企業とのオープンイノベーションを目指す，株式会社その他これに類する法人(11)である（経営資源活用共同化）。また，対象法人が直接株式を取得する場合以外に，一定の要件を満たすCVC（コーポレート・ベンチャー・キャピタル）を介して取得する場合も対象となる。

（３）スタートアップの要件

投資を受けるスタートアップは，**図表4-10**の要件を満たす法人（特別新事業開拓事業者）である。なお，M&A型の場合は，内国法人に限られる。

図表4-10　スタートアップの主な要件

	要　件
1	既に事業を開始していること
2	株式会社であること
3	未上場・未登録企業であること
4	風俗営業又は性風俗関連特殊営業を営む会社でないこと
5	暴力団員等が役員又は事業活動を支配する会社でないこと
6	一つの法人グループが株式の過半数を有していないこと
7	法人以外の者が1/3超の株式を有していること
8	対象会社とのオープンイノベーションを行っている又は行う予定であること
9	設立10年未満（直前期の決算で売上高に対する試験研究費の割合が10%以上かつ営業損失の場合は，15年未満）

出所：筆者作成。

（４）出資要件／M&A要件

新規出資型とM&A型について，それぞれ**図表4-11**のとおりである。

図表4-11　出資要件／M&A要件

新規出資型	M&A型
スタートアップ企業の資本金の額の増加を伴う現金による出資であること	その取得によりスタートアップの50/100を超える議決権を有することとなること
・１件当たり１億円以上（対象企業が中小企業の場合は1,000万円以上）の出資額であること。 ・外国法人株式の場合は，１件当たり５億円以上	・１件当たり５億円以上の取得価額であること ・外国法人株式は対象外
取得株式は，３年超保有を予定していること	取得株式は，５年超保有を予定していること
オープンイノベーションに向けた取組の一環として行われる出資／M&Aであること	
純投資等を目的とする出資でないこと	

出所：筆者作成。

（５）所得控除の上限

年度当たりの所得控除の上限額は，125億円である[12]。

また，投資先１件当たりの所得控除の上限額は，新規出資型は12.5億円，M&A型は50億円である[13]。

（６）適用手続

本税制の適用を受けるためには，対象株式の取得価額の25%以下の金額を，スタートアップ別に特別勘定を設ける方法で経理しなければならない。

また，取得株式が本税制の適用要件を満たすことを証明する経済産業大臣の証明書等を確定申告書に添付する必要がある。

（７）特別勘定の取崩し

本税制の適用を受けた対象法人が，その後の事業年度において取得株式を処分する等してスタートアップとのオープンイノベーションを継続していない場合等は，特別勘定を取り崩し一定額が益金算入される。

これに加え，M&A型については，対象株式の取得から５年以内にスタートアップが一定の成長（**図表4-12**）を達成できない場合は，５年経過日の属する事業年度において，特別勘定の金額を取り崩して益金の額に算入することとなる。

（措法66の13，措令39の24の２，措規22の13）

図表4-12　成長要件

類型	対象となるスタートアップ	5年以内に満たすべき要件	
	（M&A時点の要件）	成長投資	事業成長
売上高成長類型	—	—	・売上高≧33億円 ・売上高成長率≧1.7倍
成長投資類型	・売上高≦10億円 ・売上高に対する研究開発費＋設備投資（減価償却費）の比率≧5％	・研究開発費≧4.6億円 ・研究開発費成長率≧1.9倍 又は ・設備投資（減価償却費）≧0.7億円 設備投資（減価償却費）成長率≧3.0倍	・売上高≧1.5億円 ・売上高成長率≧1.1倍
研究開発特価類型	・売上高≦4.2億円 ・売上高に対する研究開発費の比率≧10% ・営業利益＜0	・研究開発費≧6.5億円 ・研究開発費成長率≧2.4倍 ・研究開発費増加額≧株式取得価格の15%	—

出所：経済産業省（2023b）を基に筆者作成。

7　中小企業に対する税制優遇等

中小企業に対しては，各種の税制優遇措置が講じられている。主なものをまとめると**図表4-13**のとおりである。

8　おわりに

本章の冒頭で触れたように，あなたのスタートアップビジネスが成功するためには，（どんなに煩わしくても）税金面の検討を避けて通ることはできない。

他方で，本章で解説されている，事業形態の選択，青色申告，エンジェル税制，ストックオプション税制およびオープンイノベーション税制のようなさまざまな制度を活用すれば，ビジネスの発展に伴って不可欠となる税負担を確実に減少させることができる。考えようによってはこれほど検討の努力や労力がキャッシュに直結して報われる分野もないかもしれない。

いわゆるタックスプランニングという用語も，かつては不正に税を免れる行

図表4-13　中小企業の税制優遇（主なもの）

事項	優遇の内容	根拠条文等
法人税率の軽減	法人税の税率は基本的には23.2%である。しかし,中小法人は，各事業年度分の年800万円以下の所得金額の部分については，税率が15%に軽減されている。	法法66措置法42の3の2
欠損金の繰越控除	青色申告書を提出した事業年度に欠損金が生じた場合，翌事業年度以降に繰り越して所得から欠損金を控除することができ，法人税の負担軽減につながる。中小法人は，各事業年度開始の日前10年以内に開始した事業年度において生じた欠損の金額を，各事業年度の所得の金額の計算上，損金の額に算入できる。	法法57
欠損金の繰戻還付	青色申告書を提出した事業年度に欠損金が生じた場合，翌事業年度以降に繰り越すのでなく，欠損金が生じた事業年度開始の日の前１年以内に開始した事業年度の所得金額に繰り戻し，納付済の法人税から欠損金分の還付を受けることができる。　この欠損金の繰戻し還付制度は，平成4年4月1日から令和6年3月31日までの間に終了する事業年度において生じた欠損金額については適用が停止されているが，一定の中小法人等は，不適用措置から除かれているため本制度を適用できる。	法法80措置法66の12
交際費課税の特例	法人が支出した交際費等は，原則として，全額損金算入とならないが，中小法人は，①800万円までの交際費等の全額損金算入，②接待飲食費の50%の損金算入を選択することができる。	措置法61の4
少額減価償却資産の特例	中小企業は，取得価額が30万円未満の減価償却資産を即時にその全額を経費として算入できる。	措置法28の2同法67条の5
消費税の特例	(1)事業者免税点制度 課税期間の基準期間における課税売上高が1,000万円以下の場合，その課税期間に行った課税資産の譲渡等について納税義務が免除される（免税事業者）。 (2)簡易課税制度 基準期間における課税売上高が5,000万円以下の場合，消費税額を「みなし仕入率」を用いて計算できる。 (3)インボイス制度における負担軽減措置 ・免税事業者がインボイス発行事業者を選択した場合，納税額が売上税額の２割に軽減される（３年間の激変緩和措置）。 ・基準期間の課税売上高が１億円以下又は特定期間における課税売上高が5,000万円以下の事業者の行う課税仕入れに係る支払対価が１万円未満の取引は，帳簿のみの保存で仕入税額控除が可能（６年間の激変緩和措置）。	消費税法9①同法37①平成28年改正法附則51の2①②，53の2
固定資産税の特例	中小企業等経営強化法に基づく先端設備等導入計画の認定を受け，労働生産性を向上させるとともに賃上げに資する先端設備等を取得した場合,固定資産税の特例を受けることができる（固定資産の課税標準を３年間1/2に軽減等）。	地方税法附則15㊺
中小企業経営強化税制	中小企業等経営強化法の認定を受けた経営力向上計画に基づき，対象設備の取得や製作等をした場合に，即時償却又は取得価額の10%の税額控除を選択適用できる。	措置法10の5の3同法42の12の4
中小企業投資促進税制	一定の機械装置等の対象設備の取得や製作等をした場合，取得価額の30%の特別償却又は7%の税額控除を選択適用できる。	措置法10の3同法42の6
中小企業技術基盤強化税制	研究開発を行った場合，その試験研究費の額の一定割合の金額について法人税・所得税の税額控除を受けることができるが，特に中小企業者等は，控除率・控除上限が優遇されている。	措置法10同法42の4
中小企業防災・減災投資促進税制	中小企業等経営強化法に基づく事業継続力強化計画又は連携事業継続力強化計画の認定を受け，事業継続力強化設備等として対象設備の取得や製作等をした場合，取得価額の18%の特別償却を適用できる。	措置法11の3同法44の2
地域未来投資促進税制	都道府県知事により承認された地域経済牽引事業計画について，地域の成長発展の基盤強化に特に資するものとして主務大臣による課税の特例の確認を受け，建物・機械等を新設・増設した場合，法人税等の特別償却又は税額控除を選択適用できる。	措置法10の4同法42の11の2
DX投資促進税制	産業競争力強化法の認定を受けた情報技術事業適応に関する計画に基づき，ソフトウェア等の取得や製作等をした場合に，取得価額の30%の特別償却又は３%若しくは５%の税額控除を適用できる。	措置法10の5の6同法42の12の7
中小企業向け賃上促進税制	中小企業者が，雇用者給与等支給額を前事業年度よりも1.5%以上増加させた場合，控除対象雇用者給与等支給増加額の15%を税額控除できる。雇用者給与等支給額を前事業年度と比べて2.5%以上増加させた場合は控除率を15%加算する。教育訓練費の額を全事業年度と比べて５%以上増加させた場合は控除率を10%加算する。また，子育てとの両立・女性活躍支援の観点からの控除率加算もある。	措置法10の5の4同法42の12の5

出所：筆者作成。

為と結び付けられネガティブなイメージがあったが，今日では税法遵守の下で税知識を結集する経営戦略の主要事項と受け止められるように変わってきている。

筆者としては，本章で記したような解説が，やや敬遠されがちな租税法や税務行政に関心をもっていただく機会となれば幸いと考えている。

令和6年度税制改正においては，ストックオプション課税の改正などスタートアップ支援のための更なる税制拡充措置が講じられた。

納税義務や社会貢献の観点はじめ手元に残る現金の多寡に至るまで，ここでは総合的で将来を見据えた判断が求められる。まさにスタートアップビジネス経営者の力が試される場面である。

Review & Discussion

① **スタートアップと税金はどのような関係にあるか考えてみよう。**

② **事業形態の選択は，スタートアップの税負担にどのような影響を及ぼすか考えてみよう。**

③ **スタートアップのフェーズごとにどのような税制上の優遇措置があり，それらを活用する際の留意点は何か考えてみよう。**

［注］

(1) 事業体（entity）については，このほか信託や組合，特別法上の会社等も考えられるがここでは省略する。

(2) ①定期同額給与，②事前確定届出給与，③業績連動給与のいずれかであること。また，「不相当に高額」の場合も損金化が認められない。

(3) ただし，配当控除や株式譲渡所得に係る分離課税等の活用が検討できる。

(4) 所法148，法法126。

(5) 個人（所得税）の青色申告は，事業所得・不動産所得・山林所得が生ずる業務を行う者に限られる（所法143）。

(6) プレシード・シード特例は，保有株式を売却し一定のスタートアップに再投資した場合に適用されるもの。

(7) 企業特例は，保有株式の譲渡益を原資として個人自らが起業した場合の税制優遇。

(8) ①投資家が株式を直接取得する場合，②投資家が認定投資事業有限責任組合（LPS）経由で株式を取得する場合，③投資家が認定少額電子募集取扱業者（ECF）の株式投資型クラウドファンディングにより株式を取得する場合等がある。
(9)　株価下落の場合は，権利行使しなければ損失は生じない。
(10)　年度当たりの上限額は125億円，また投資先1件当たりの上限は，新規出資型が12.5億円，M&A型が50億円。
(11)　相互会社，中小企業等協同組合，農林中央金庫，信用金庫および信用金庫連合会。
(12)　取得価額に換算した金額は，500億円である（125億円÷25%）。
(13)　取得価額に換算した金額は，新規出資型が50億円，M&A型が200億円。

〈参考文献・資料〉

大蔵財務協会編（1996）『改正税法のすべて（平成8年版）』大蔵財務協会。
大蔵財務協会編（1997）『改正税法のすべて（平成9年版）』大蔵財務協会。
大蔵財務協会編（2003）『改正税法のすべて（平成15年版）』大蔵財務協会。
大蔵財務協会編（2008）『改正税法のすべて（平成20年版）』大蔵財務協会。
大蔵財務協会編（2019）『改正税法のすべて（令和元年版）』大蔵財務協会。
大蔵財務協会編（2020）『改正税法のすべて（令和2年版）』大蔵財務協会。
大蔵財務協会編（2022）『改正税法のすべて（令和4年版）』大蔵財務協会。
大蔵財務協会編（2023）『改正税法のすべて（令和5年版）』大蔵財務協会。
経済産業者省（2023a）「オープンイノベーション促進税制（新規出資型）申請ガイドライン」（https://www.meti.go.jp/policy/economy/keiei_innovation/open_innovation/openinnovation_guideline_C_230626_vF.pdf）。
経済産業者省（2023b）「オープンイノベーション促進税制（M&A型）申請ガイドライン」（https://www.meti.go.jp/policy/economy/keiei_innovation/open_innovation/openinnovation_guideline_MA_230626_vF.pdf）。
経済産業省HP
・「エンジェル税制の概要」（https://www.meti.go.jp/policy/newbusiness/angeltax/index.html）
・「エンジェル投資に対する措置」，「エンジェル投資の場合の個人・企業要件」（https://www.meti.go.jp/policy/newbusiness/angeltax/investment.html）
・「ストックオプション税制」，「ストックオプション税制　税制適格ストックオプションの主な要件について」（https://www.meti.go.jp/policy/newbusiness/stock-option.html）
国税庁（2023a）「令和3年度分会社標本調査」。
国税庁（2023b）「令和4年分の所得税等，消費税及び贈与税の確定申告状況等について（報道発表資料）」。
国税庁税務大学校（2023a）『所得税法（基礎編）令和5年度版』。
国税庁税務大学校（2023b）『法人税法（基礎編）令和5年度版』。
中小企業庁（2023〕「中小企業税制＜令和5年度版＞」。

（池田 義典・鈴木 孝直）

第5章

起業家精神とリーダーシップ

●本章のねらい●

アントレプレナーの気質とは，①変化を当然で健全のことと考え，②すでに行っていることをうまく行うより，まったく新しいことに価値を見出すところにある。アントレプレナーの気質は起業家精神にあり，起業家精神とイノベーションは不可欠の関係にある。

起業に伴うリスクはどのくらいかと考えると，起業とは生産性が低く成果の乏しい分野・方法（既存分野・方法）から生産性が高く成果の大きい分野・方法への資源の移動なので，適切に行えばリスクはむしろ少ない。結果として，起業家精神を持つ方がリスクが少ない。生産性を上げるモノ，コト，機会がイノベーションの本質であり，起業家はそのようなイノベーションの実行者である。イノベーティブな企業家であるための習慣や経営政策作成のヒントとやってはならないタブーとして，次のようなものが挙げられる。

必要な習慣：①陳腐な既存なものを廃棄する習慣，イノベーションに挑戦できる人材の確保，そのための資金の確保とその計画・可視化。②いかなるイノベーションをどの領域で，いかなる期限で行うかの熟考。

タブー：① 管理部門とイノベーション部門を一緒にすること。②得意とする分野以外では難しい。②多角化は買収によっては難しい場合がある：イノベーティブな人材が流出する。

創造的な経営者であるために，①自由意志，②ブラック・スワン，③祝祭とあそび，④持続可能性，⑤未来学と宇宙開発という５つの視点を提示する。

キーワード

破壊的イノベーション，未来学，ブラック・スワン，芸術・文化・遊び，持続可能性

1　はじめに

スタートアップに必要な起業家精神とは何であろうか。

現代，世界のビジネススクールでは企業倫理の授業が必須とされ，起業家精神の涵養が国を挙げてのテーマとされている。その理由の1つは本章の最後で検討するように，社会で支配的な価値観に変化が生じているからである。それはsustainability（持続可能性）というキーワードで代表される。もう1つはイノベーション志向する精神の涵養が，今必要とされているからである。

1980年代に凋落の傾向を示した米国が世界の中心国の地位を維持できたのは，破壊的イノベーションを通じてGAFAMに代表されるスタートアップの育成に成功したからである。スタートアップ（あるいはスタートアップ企業）とは，これまでに例のない新しいビジネスモデルで，社会的に解決されていない課題を解決する新市場を開拓する，急成長する企業のことである。ベンチャーが単に新たに生まれた，起業されたばかりの企業，あるいはそのような企業への投資を指すのに対して，スタートアップとは新たなビジネスモデルで，社会にイノベーションを生み新市場を開拓し，人々に新しい価値を提供し，急速に成長する点が特徴として挙げられる。代表的な企業としてAmazon，Google，Facebook，Uber等の企業をイメージすればわかりやすい。これらの企業は国に経済成長をもたらすとともに社会課題の解決も行っている。

このような創造的な企業を育むための条件として，成長資金，孵化（インキュベーション）環境の整備に加えて起業家の育成が急務である。起業とその成長のためにはある程度まとまった資金が必要となる。諸外国に比べて日本の起業家への投資額は極めて少額で，それらを担うベンチャーキャピタルやエンジェルファンドを育成し，それらへいかに民間の資金を流入させるかが課題である。また孵化（インキュベーション）環境とは，都市や大学にスタートアップ拠点やスタートアップキャンパスを設置し，制度的にもスタートアップを支援する法令や政府機関の支援のことをさす。近年わが国ではこのような資金や環境状況をスタートアップ・エコシステムと呼んでいる（内閣府 2022）。これらの資金や有形無形のインフラに加えて不可欠なのが，起業家精神の育成である。

内閣府（2022）では初等中等教育段階からのSTEAM教育を起業家教育として挙げている。ちなみにSTEAMとはScience（科学），Technology（技術），Engineering（工学・ものづくり），Art（芸術・リベラルアーツ），Mathematics（数学）の５つの単語の頭文字をとった2000年代に米国で始まった教育モデルである。わが国においては初等中等教育のみならず，すべての世代でスタートアップを志向する必要がある。そこで本章ではスタートアップに必要な起業家精神について考える。

スタートアップ企業の高成長の鍵はイノベーションにある。イノベーションは技術革新と翻訳されることがあり，現代ではそれが誤訳とされるが，それは本来は誤訳ではなかった。イノベーションの基本は画期的な科学技術に，あるいはその技術の新しい組合わせに起因した。それは主に生産方法の画期的改革か新技術による新商品による新市場の開拓をもたらした。ところが20世紀に次第に進展した大衆社会は消費社会と呼ばれ，20世紀後半以降はいかに大衆の欲望を喚起できるかに，商品やサービスの命運が懸かるようになった。かつては安く便利な商品・サービスを考案しさえすれば売れたが，現代は移り気な，時には刹那的な，大方の刺激にはもう慣れっ子になった気まぐれな大衆の欲望をつなぎ留めねば，企業は現在の地位の安住さえ不可能になった。そのため現代のイノベーションは，生産のみでなく商品の企画から売り方，企業組織の維持管理の方法まで，企業のすべての活動面で「画期的」である活動を指している。つまり企業経営には，安く便利で優れた商品を作るだけでなく，大衆の心理と情緒，その背景となる社会の動向を熟知し，感知する繊細な芸術的感性が必要なのである。

本章ではスタートアップに必要な起業家精神のキー概念を，イノベーションであると考える。イノベーションを生み出すことのできる起業家精神とはいかなるもので，いかにして育むことができるのであろうか。まず，古典的イノベーション概念を整理し，そのようなイノベーションを組織に根付かせ，持続可能とするマインドセットを考える。さらに現代の大衆消費社会において組織環境を創り，主導できるようなリーダーシップという感性を育むためには何が必要かを考える。

2 リーダーシップを生み出す土壌と気質

アントレプレナー（起業家）の気質とは，①変化を当然で健全のことと考え，②すでに行っていることをうまく行うより，まったく新しいことに価値を見出すところにある。アントレプレナーの気質をアントレプレナーシップあるいは企業家精神と呼び，イノベーションとは不可欠の関係にある。このような変化を好み，新しいことに価値を見出す気質は，もしかすると遺伝的な，先天的なものである可能性もある。では，そのような気質を持たないものはスタートアップビジネスに向かないのであろうか。必ずしもそうではない。理由は２つある。もともとそのような者の中には，進取の気性があったのかもしれない。ただ後天的な教育や習慣の中で，その進取の気性に，リミッターをかけてしまったかもしれないからである。それは家庭教育の中でかもしれないし，学校教育の中でかもしれない。あるいはサークルや職場などの社会教育で，慣らされることを刷り込まされてしまったかもしれないのである。ぜひ，この章を読み通していただきたい。どのような人の中にも，無限の可能性が秘められていることがわかるはずである。それを制限するリミッターを外し，世界の輝きを取り戻すのが，本章の役割である。

ただ，生来の気質として保守的であり，慎重で変化に疑いを持つ者もいる。筆者の周りを見ても几帳面で，正確無比な文字を書き，行動の際にはその効果と責任の所在を常に気にしている友人がいる。そのような気質の持ち主でも少なくともこの本を手に取ったからには，スタートアップに関心を持っている，あるいはそのような機会や「危ない」友人，あるいは社内での「起業」の役割を与えられたに違いない。慎重さは重要な資質である。むしろそのような資質はスタートアップに不可欠かもしれない。どんな事業も一人では全うできない。必ず友人・知人，家族あるいは共同経営者の助けを必要とする。慎重な気質はスタートアップの監視役に最適である。その際，スタートアップの気質を十二分に持つパートナーが羽目を外し，飛んでいかないように，監督する必要がある。その際，角を矯めて牛を殺すことのないように，パートナーの生来のイノベーターの気質と陥りやすい罠を知っておく必要がある。

3　スタートアップに伴うリスクとイノベーション

それではイノベーションを用いたスタートアップに伴うリスクはどのくらいかと考えると，スタートアップに伴う起業とは，生産性が低く成果の乏しい分野・方法（既存分野・方法）から，生産性が高く成果の大きい分野・方法への資源の移動なので，適切に行えばリスクはむしろ少ない。結果として，起業家精神を持つ方がリスクが少ない。現代のようなイノベーティブな環境の中での現状維持は，長期的に見るならば後退なのである。

（1）シュンペーターによるイノベーションの類型

オーストリアの経済学者ヨーゼフ・シュンペーター（Joseph Schumpeter）は経済の発展はなぜ起こるのかを考える過程で，起業家の行うイノベーションが経済を発展させ，変動をもたらすという理論を構築した。シュンペーターはイノベーションを次の5つの類型に分類する。

①新しい商品やサービスの生産：プロダクション・イノベーション
②新しい生産方法の導入：プロセス・イノベーション
③新しい販売先の開拓：マーケット・イノベーション
④原料あるいは半製品の新しい供給源の獲得：サプライチェーン・イノベーション
⑤新しい組織の実現（独占の形成やその打破）：オーガニゼーション・イノベーション

シュンペーターはイノベーションのことを新結合（neue Kombination）と呼ぶこともあったが，これは興味深い。天の下新しきものはほとんどない。イノベーションとは従来あるものを，これまで思いつかなかった方法や組み合わせで結び付けること，であるとシュンペーターは考えたのである。シュンペーターの理論はすでに古い，生産面のみに着目して現代の大衆消費・情報化社会にはそぐわないとの批判も散見されるが，熟読すると発展の余地を発見できる。やはり古典なのである。シュンペーターはイノベーションにより新たな効率的な方法が生み出され，古い非効率的な方法が駆逐されていくことを創造的破壊（creative destruction）と呼んだ。経営学において，このイノベーションが既存の方法を破壊する側面に注目したのが，クレイトン・クリステンセン（Clayton M. Christensen）である。クリステンセンは著書『イノベーションのジレンマ』で企業経営ではイノベーションによる既存方法の革新には，類型があることを明らかにした。

主流市場の主要顧客の下で性能を向上させることを持続的イノベーションという。それに対して，破壊的イノベーションとは，従来の価値基準では従来製品よりも性能を低下させるが，新しい異なる価値基準の下でいくつかの優れた特長を持つ新技術のことである。破壊的イノベーションは従来の価値基準では性能的に劣るので主流市場では地位を得られないが，小規模で新しい市場を創出する。新たな価値基準の下で顧客を得た破壊的イノベーションは，持続的技術革新により少しずつ性能をも進化させ，主流市場の主要顧客の要求する性能的水準を満たすようになると，破壊的イノベーションによって従来技術が代替される。クリステンセンはディスクドライブ業界を観察し。14インチ，８インチ，５インチ，3.5インチと主力製品が代わる際，既存の主力メーカーはすべて競争に敗れたことを発見した。主要顧客からの要求は容量，コストと信頼性であった。主力メーカーはそれらの持続的イノベーションに注力した。他方新興企業はミニコン（８インチ），中型パソコン（５インチ），ラプトップ（3.5インチ）という新しい市場で席巻した。現代，破壊的イノベーションの例として人工知能，ブロックチェーン，3Dプリンター等が挙げられている。

この生産性を上げ消費を喚起するモノ，コト，機会がイノベーションの本質であり，起業家はそのようなイノベーションの実行者である。シュンペーターは，イノベーションの実行者を起業家（entrepreneur）と呼んでいる。次にドラッカー（Peter Ferdinand Drucker）の発展させたイノベーション概念について説明する。なお，ドラッカーは子どものころ，父の主催したホームパーティーにシュンペーターが来ていたことを，実質的自伝である『傍観者の時代』（*Adventures of a Bystander*. New York: Harper & Row, 1978）に書いている。ドラッカーの著作は多くすでに古典となっている。むしろ第一に読むべきはこの自伝的著作である。彼の創造性の秘密を知るのには，この『傍観者の時代』

が最適である。ドラッカーの理論化できなかったアイデアの源泉を見出すことができるからである。

（2）ドラッカーの主張するイノベーション概念

現代に通ずるクリステンセンまで来てしまったが，ここで少し古典に戻ってP.F. Druckerの著書『イノベーションと企業家精神』（*Innovation and Entrepeneurship*（New York: Harper & Row, 1985）を学ぶ。著書の中でドラッカーはイノベーションの機会をどこで，いかに見出すか明らかにしている。次いで組織がそのようなイノベーションを生み出し，実行できるための起業家の精神を扱っている。また，イノベーションが成功するかは，その新奇性，科学性，知的卓越性によるのではなく，市場で成功するかであると指摘する。そしてイノベーションを生み出す契機を7つに分類する。

①予期せぬ成功，運，偶然

後年，ナシム・タレブが著書『ブラック・スワン』の中で，予期せぬ大変動（ブラック・スワン）の重要性を説くが，タレブは災害でなくプラスの幸運の大変動もあることを示した。ほとんどの偉大な発見や発明は，意図されたプロセスの中ではなく，運で生み出されたことを示した。人は，あと付けでそれを成功譚とするが，ほとんどの成功は意図せぬ偶然の契機から生み出されたものである。その一見したところでは失敗に見えることさえある「運」に気が付くか，その運を手繰り寄せるためにチャレンジを続けるかが，成功の秘訣なのである。

②ギャップを探す

実際にあるものと，あるべきものの差があるということは，その差を埋めるようなイノベーションが企業や業界に期待されているという。ギャップの例として業績ギャップ（思ったように業績に表れない），認識ギャップ・価値観ギャップ（思い込み），プロセスギャップを挙げる。

③ニーズを見つける，④産業構造の変化，⑤人口構造の変化，⑥認識の変化

②のギャップを探すことが，基本的に企業や業界の課題の探索であるのに対して，この③から⑥の4点はニーズの変化やその前提となる産業構造，人口構造の変化で生じた問題点を解決するイノベーションである。⑥認識の変化は，産業構造や人口構造あるいは時代による変化により価値観や感じ方，またその

現れ方が変わることがあり得ることに関連する。

⑦新しい知識の活用

近年，グローバル化のうえにIT技術を駆使することで，学問，科学技術の発展が加速している。30年ほど前までは，新しい科学技術は西欧とごく一部の東洋の国で開拓されたが，今や世界中でかつての何十倍もの人数の研究者が，日夜，新たな発見や発明にしのぎを削っている。明らかに新しい知識の創出は加速しており，それが新たな技術革新を生んでいる。新しい知識や技術は依然としてイノベーションの源泉であり，その創出頻度は加速している。

（３）イノベーティブであるための習慣とタブー：ドラッカーの視点

ドラッカーは多くの企業のコンサルタントも務めたので，著書の中でイノベーティブな起業家であるための習慣と，やってはならないタブーについて述べている。

イノベーティブであるための習慣として，次の３点を挙げる。

①陳腐な既存なものを廃棄する習慣

②イノベーションに挑戦できる人材の確保，そのための資金の確保とその計画・可視化

③いかなるイノベーションをどの領域で，いかなる期限で行うかの熟考が必要である。

タブーとして次の３点を挙げる。

①管理部門とイノベーション部門を一緒にすること。

②得意とする分野以外では難しい：このことは多角化の困難性も示している。

③買収によってイノベーションをもたらすのは難しい場合がある：被買収企業ではイノベーティブな人材が流出しないような注意が必要である。

4　イノベーティブな起業家であるために

ここまでシュンペーター，クリステンセン，ドラッカーの成果に沿って，起

業家に必要なイノベーションとそのための精神を述べてきたが，最後に現代において，起業家に必要なセンス・心構え・教養について，視点（キーワード）を説明する形で述べておきたい。

（1）自由意志は存在するのか

自分が本当に自分の意思で行動しているかを考えることは，現代の倫理学の出発点である。人に自由意志がなく，他律的な存在ならば倫理学を学ぶ意味や，そもそも刑法が成り立たない。悪いことをしたのは私の意思でなく，そうさせた環境が悪い，私に責任はないと言い訳ができてしまう。中世神学でも絶対の自由意志を持つのは神だけで，人はどこまで自由意志が与えられているのか？　絶対的自由意志を持つ全能の神が存在するのに世の悲惨がなくならないのはなぜかなど，千年にわたり神学哲学者は悩み続けるが，神を失った現代では，この間の詭弁的議論は省略してよい。現代人にとって有益な議論はカント（Immanuel Kant）をまたねばならない。

カントは人を理性的存在であるとともに感性的存在と捉え，傾向性（Neigung：性向，感覚的・生理的欲求など）に流され，生理的要求をはじめさまざまな要求や欲望から，完全には自由になれないと考える。自由意志を発揮するためには，自分がどのような傾向性を持ち，どのような欲望に負けやすいかを知り，道徳律を自ら定めそれを習慣化することで意思の自由を保つことができると考えた。この見方は自分を律するためにも，また相手の行動を予測するときにも，あるいは組織をまとめるときにも有用である。

自由意志については，1980年代にリベット（Benjamin Libet）により新たな展開を見た。リベットは巧みな実験により，自発的な意志決定以前に，無意識にその決定の準備が行われている，すなわち自由意志という自覚は脳による作為（だまし）である場合があることを明らかにした。この実験は多くの検証により追認されている。

さらに現代，脳生理学と遺伝子工学の急速な発達により，人間は精巧な遺伝子による機械であることが明らかになった。人間も宇宙と同じように自然法則で動いているならば，自由意志は存在せず，すべては決定しているという決定論が再び興隆している。これ以上自由意志と決定論には立ち入らないが，起業家にとって自己，従業員，取引相手，顧客の意志が，どのように拘束されているかを考えておくことは，常に必要である。ヒトの意志が自己でも制御が難しいとしたら，後に見るように感情や情緒に訴えることの重要性が浮かび上がる。近年政治ではポピュリストが跋扈しているのは，インターネットにより大衆社会や消費社会が変容していることが背景にあると考えられる。そのような中でのヒトの性質と行動を熟考する必要がある。

(2) ブラック・スワン：予期せぬ大変動

西欧でBlack Swanというと，前例のない異常な予期せぬ大変動をさす。大航海時代にオーストラリアで黒鳥が発見されたとき，黒いSwan（白鳥）が存在することを容易に信ずることができなかったことによる。ニコラス・ナシム・タレブ（Nicholas Nassim Laleb）は著書*Black Swan*（望月訳『ブラック・スワン』ダイヤモンド社）の中で，人は不確実性を無視し，世界を単純化して理解しようという「癖」のために，予期せぬ異常な大変動Black Swanの予知はおろか，その本質を把握できないことを明らかにする。私たちは，ものごとについて講釈をつけたり，単純化したりするのが好きで，抽象的なこと，複雑なことを避けるきらいがある。ブラック・スワンは実際は，大惨事と幸運の両方があり。ほとんどの大発見や大発明が意図されたプロセスからでなく，偶然に見出されたプラスのブラック・スワンであることも明らかにする。ただしその際も，講釈のついたブラック・スワン（例えば成功者の成功譚）はわかりやすく，過大評価される一方，講釈のつけられない，誰も話さないブラック・スワンは過小評価されてしまう。その際も自分の説に合った過去の例を探して，それを証拠とする誤りをおかす。わかりやすいからである。

「可能性があるという証拠がない」だけで，それを「可能性がない証拠」と考えてしまう誤りである。言葉をかえると，「観察された事実から一般的な法則を築くことの危険」であり，ブラック・スワンが見えなくなる理由なのである。

負けた者，死んだ者などが「物言わぬ証拠」となっていて見えないため，勝者，あるいは生き残った者は（ただ運がいいだけだったのに），それを「必然」として説明する。そして社会の進化は長大な時間と膨大な屍の上に築かれたのに，必然の摂理と考え，楽観主義に陥ってしまう。

ブラック・スワンの例としては，まずウクライナ戦争，パンデミック，東日本大震災，リーマンショック，9・11テロ，ベルリンの壁の崩壊・・・以前は十数年に一度程起きたが，最近は数年ごとに舞い降りてくる。グローバル化の進展により，局所的な大変動が瞬時に世界に広がるためであろう。次のブラック・スワンはグリーン・スワンとして現れるといわれている。グリーンとは環境の象徴である。すなわち気候変動によって，異常な大変動が生ずると予測するものがいる。ただし，それがどの局面で現れるかは，今のところは誰にも予測はつかない。

ブラック・スワンに対する対処法としては，いい偶然と悪い偶然を区別し，細かいことや局所的なことは見ない。成功の本質が運ならば，運に巡り合える回数を増やす，すなわちチャレンジを続けることが重要である。偉人たちの伝記もそのように考えて読み直すと，また含蓄のあるものとなる。他方，大惨事としてのブラック・スワンには対処のしようがない。前例がなく予知不可能だからである。ただし前例のないことが起きえるという心構えと，異常なことが起きたときの心の訓練は可能である。あるいは非常時のための心ある隣人を作ることが大切かもしれない。

（3）遊びと祝祭

遊びを学問として初めて扱ったのは，ホイジンガー（Johan Huizinga）であり，彼の理論を発展させたのはカイヨワ（Roger Caillois）である。ホイジンガーは人間をホモ・ルーデンス（homo Ludens：遊ぶ人）と呼び，遊びがヒトと動物を区別し，政治，法律，宗教，学問，スポーツ，市場取引など人の文化経済活動は，遊びの精神から生まれたことを発見した。ホイジンガーは遊びの形式的特徴として5点を挙げる。①自由な行為，②仮構の世界，③場所的・時間的限定性，④秩序の創造：ルールがある，⑤秘密をもつ。

さらにカイヨワは遊びを次の4形態に分類する。

アゴン（競争）：かけっこ，スポーツ，ボードゲーム（マインドスポーツなど）など

アレア（偶然）：くじ，じゃんけん，サイコロ遊び，賭博（ルーレット・競馬など）

ミミクリ（模倣）：演劇，絵画，カラオケ，物真似，ままごとなど
イリンクス（めまい）：メリーゴーランド，ブランコ，スキー，など

多くの遊びはこの４類型の複合である。トランプや競技は競争であるとともに，偶然が作用する場合もあるところが面白い。学問や政治や市場はアゴンの進化と考えられる。またこの４要素は人の資質とも重なる。すなわちアゴンは闘争本能，アレアは運を持っているか，あるいはそれに耐え得る胆力，ミミクリは人生の諸事の模倣学習，イリンクスは体の鍛錬とその快感。これらの無駄な遊びが成立するのは，人が過剰さをもっているからである。この過剰さが極限に達するのが，祝祭である。祝祭は非日常であり平時（日常）とは逆転した価値観が支配する。暴力や殺戮の容認：生贄，平時のルールの逸脱の許容そして節約より蕩尽。祝祭的空間を作り出すことにより，人は蕩尽する。現代における祝祭的空間とはディズニーランドやパリのラファイエットなどの百貨店にも観察できる。

遊びと祝祭の特徴と効果を知り，意識し作為することは，人々の精神と心を豊かにし，職場に潤いと創造性をもたらし，必ずしやビジネスを強化する。

（４）持続可能性：Sustainabilityとパーパス経営

sustainability（持続可能性）は，現代における錦の御旗になりつつある。数年前からわが国では義務教育課程で，SDGs（Sustainable Development Goals）が教材として扱われている。SDGsとは2015年の国連総会で制定された世界の持続可能な開発のための17の国際目標である。環境劣化や気候変動を防ぐ，貧困や不平等などの人権の確保を17の具体例で明らかにしたものともいえる。SDGsの企業適用形であるESGインデックスは，多くの企業で公表されている。ESGとはEnvironment: 環境（企業活動が環境に影響を与えているか：環境への取組，温暖化対策など），Social: 社会（企業がヒトや社会・コミュニティに影響を与えているか：人権，労働条件，地域社会への貢献など），Governance: 企業統治（企業の組織管理が倫理に反せずに行われているか：経営体制，透明性など）について指標を設けて，達成度を測ろうとするものである。これは直接的には2006年に国連と機関投資家が共同で，環境社会，企業統

治に配慮した投資を行うべきであるという6つの原則：責任投資原則（Principles for Responsible Investment: PRI）を立案した。これは持続可能な社会を作るために貢献できる企業を選別するための原則であり，ESG指標の理論支柱となっている。

SDGsは国民全員の持続可能性のための目標であり，ESGは企業と投資家にとっての持続可能性の指標である。ESG指標は，さまざまな機関によって提案されているが，ある程度数量化され比較可能なものが選ばれ，現在は多くの企業が積極的に公開している。そしてその指標を評価したESG指数（格付け）が行われている。本書ではその具体例は述べないが，一昔前の新自由主義による競争を讃美し，謳歌する倫理観からの変化が見られる。

近年，パーパス経営という自社の社会的意義を明確にして，それを指針として経営を行おうという経営運動も，新自由主義的倫理観からの変化を物語っている。ところで「パーパス経営」とは，これまでの企業の社会的ミッションや企業理念，三方よし（売り手，買い手，世間の三者のどれもが豊かになる）の企業理念などと，どこが違うのであろうか。多くの方のパーパス経営の定義を見ると，共通するのは「自社の存在意義の確認」ということである。以前から経営哲学や理念に言及する経営手法は多数存在した。今回のパーパス経営がこれまでの「経営理念」と結果的に異なるのは，「自社の存在意義」を人間の非合理的側面に着目して実現しようとしている点にある。

「結果として」と書いたのは，実は提唱者や著者や実施者自身が，その点に気が付いていないことが多いからである。人が動機づけられ，率先して動くのは決して理念や論理によってだけではない。非合理的な何か，感情やセンスや好みや情感や心によるのである。だからこそ，パーパス経営は定義しにくいので「存在意義」という根源的な言葉を用いてしまう。人間の理性でなく非理性に着目しているという意味では，アダム・スミス（Adam Smith）の『国富論』と双璧をなす著作『道徳感情論』*The Theory of Moral Sentiments*（1759）を想起させる。同書は，直接はパーパス経営には使えないが，背後の理念は酷似している。『道徳感情論』でアダム・スミスは，「共感」「イマジネーション」という概念に注目して，理性でなく感情が法や社会秩序の形成に重要な役割を果たすと考え，感情から道徳の一般法則を導く方策を論じたのである。

倫理観の変化は企業経営のステークホルダーの議論にも影響を与えている。これまでは，「三方よし」と言いながらも，企業の純資産（自己資本）は株主のものであった。法律上は会社法をどう読んでも，純資産は株主のものである。しかし現代では，マルチ・ステークホルダーという視点が提唱されている。すなわち企業の利害関係者には株主・投資家以外に，従業員，商品やサービスの利用者・消費者，地域社会，環境，そして気候変動を考慮しなくてはいけないという考え方である。これはSDGsやESGの考え方からの当然の帰結である。今，社会の倫理観は大きく変化している。本書では取り上げないがLGBTQを巡る倫理観の変化，そして気候変動に代表される持続可能性という価値観が政治社会経済上，最も重要な価値となりつつある。

（5）未来学と宇宙開発

未来学：futurologyという学問分野は，日本では馴染みが薄いかもしれない。世界史を動かす動因を考え，今後の社会を予測することが未来学である。世界史の動因は，大企業や財閥のシンクタンクや各国政府で調べられ，そこでは，未来予測を必ず行っている。博報堂未来総研の未来年表，日経BPの未来予測レポート，野村総研のNPI未来年表，三菱総研の「100億人・100歳時代」の豊かで持続可能な社会の実現，わが国政府が大規模に行っている文部科学省科学技術研究所の科学技術動向調査など枚挙にいとまはない。

著作としてその鏑矢に当たるのは，やはりドラッカーの*The Age of Discontinuity*（『断絶の時代：来るべき知識社会の構想』ダイヤモンド社，1968年）であろう。ドラッカーは同書で知識社会の到来と経済のグローバル化を予言している。1980年にはアルビン・トフラー（Alvin Toffler）が著書『第三の波』において第一の波農業革命，第二の波産業革命に続いて第三の波情報社会が到来することを予見した。これはドラッカーの予見した流れに沿っている。それに対してハンティントン（Samuel Phillips Huntington）は*The Clash of Civilizations and the Remaking of World Order*（Simon & Schuster, 1996）において文明の衝突という視点を提示した。冷戦終結後，イデオロギー対立のあとは世界の８つの文明の対立が世界を動かすという視点である。この視点は2001年９月11日の同時多発テロを予見したものとして注目された。現代ではユバル・ノア・ハラリが著書『ホモデウス』(2018年) で提示した，AIによる支配と バイオサイエンスの発達が社会を変えるという視点のとおりに進行している。

この50年間に進展した知識社会，さらにその具体的なあり方としての情報産業の発達，その発達がAIとバイオサイエンスにまで及んだ潮流は今後も進行すると考える。それに加えて筆者は，宇宙空間に注目している。なぜなら宇宙空間はニューフロンティアであり，植民地争奪戦の場になりつつあるからである。大航海時代以降，西欧社会は瞬く間に世界を植民地化した。1850年代に蒸気船が導入されるまで，西欧からインドまでは帆船により季節風を利用する必要があったので片道８カ月，風を待つため往復２年を要した。この遠隔地貿易が世界を変える契機となった。最初は香料貿易であったが，陶磁器，お茶，絹織物，そしてインドの綿織物の魅力に西欧は狂喜した。この綿織物の自国での生産のための技術革新が産業革命となった。世界最大の綿産地で綿織物の輸出国のインドが，綿花の輸出地となり世界最大の綿織物の輸入国に変貌したさまは，世界史上最大の産業転換と言われている。産業革命の技術革新連鎖は綿工業から起こり動力革命，交通革命につながることになる。このような産業革命の隠れた主役が東インド会社であり，現代それに相当するのが，NASA，JAXAなのである。

宇宙空間は現代の植民地であり，宇宙を支配するものが軍事的にも情報通信においても極めて有利になる。宇宙というニューフロンティアの争奪戦は，すでに始まっている。今後世界を変える動因の１つに間違いなく「宇宙」がある。ちなみに大航海時代から資本主義を牽引したのは，東インド会社であったがその利益率は極めて低かった。19世紀初頭（1800年から1814年）の場合，売上高利益率は８％でそのうち7.3％を配当と金利に支払っていた。英東インド会社は国家主導で交易の基幹路線を独占し，軍事力，貨幣鋳造権や交戦権を持ちインドの徴税権とともに支配を委託されていたが，その周辺の利害関係者が利益を搾取していた。株主，造船業者，貸船者（英東インド会社は自社船を保有していなかった），小売人（英東インド会社は小売りをしていなかった），私貿易業者（私貿易業者の交易商品を東インド会社が安く運び彼らはインド成金となった），アジアの海で集荷と販売をしていたカントリートレーダーが，東インド会社の利益を搾取していた。宇宙開発が国家事業としてNASAで始まり，ロケットの製造打ち上げがSpace X社や三菱重工に委託され，人工衛星によるビジネスが民間により進展し，軍事偵察衛星が国家の安全保障の根幹となる状況は，東インド会社の前例に酷似している。

5　おわりに

本章は現代のアントレプレナーの備えるべき精神的志向として，イノベーションを論じ，さらにその精神の自由を喚起するカンフル剤として自由意志の限界，遊びと祝祭，持続可能性，未来学を紹介した。さらに宇宙レベルの視野とブラック・スワンへの心構えを育む必要がある。なお，蛇足ながら，国の未来予測である，筆者は文部科学省科学技術研究所の科学技術動向調査の2005年版に関わり，将来のシナリオとして「芸術・文化・あそびが日本の基幹産業になる」を提案した。これがその後，クールジャパンや第一次安倍政権の将来ビジョンである「イノベーション25」に採用された。この主張はいまでも新鮮であると考えている。なぜなら，あそびはすべての創造性の源泉だからである。筆者はビジネススクールで講義を始めて33年になる。会計科目から出発し，企業評価，次いで企業倫理を担当し，５年前から美術史をコーディネートしている。このエンゲージメントの変遷こそ現代のビジネスのあり方を物語っているように思う。

Review & Discussion

① 創造的破壊の事例としてどのようなものがあるか，考えてみよう。

② 現代において，イノベーティブであり続けるためには，どのような視点を持つことが必要か考えてみよう。また，組織がイノベーティブであるために，やってはいけないタブーとは何か考えてみよう。

③ あなた自身がイノベーティブであるために，どのようなことを行っているか考えてみよう。あなたの「あそび」は何か考えてみよう。

〈参考文献・資料〉

Christensen, C.M.（1997）*The Innovator's Dilemma: When New Technologies Cause Great Firms to Fail*, Harvard Business School Press.（玉田俊平太監修，伊豆原弓訳（2001）『イノベーションのジレンマ―技術革新が巨大企業を滅ぼすとき』翔泳社）

Drucker, P.F.（1985）*Innovation and Entrepreneurship*.（植田惇生訳（2007）『イノベーションと企業家精神』ダイヤモンド社）

Drucker, P.F.（1969）*The Age of Discontinuity: Guidelines to Our Changing Society*, New York, Harper & Row.（P.F.ドラッカー著，林雄二郎翻訳（1968）『断絶の時代―来るべき知識社会の構想』ダイヤモンド社）

Taleb, N.N.（2007）*The Black Swan: The Impact of the Highly Improbable*, Random House Publishing Group, Palgrave Macmillan.（望月衛訳『ブラック・スワン―不確実性とリスク』ダイヤモンド社）

浅田實（1989）『東インド会社―巨大商業資本の盛衰』講談社学術新書。

カイヨワ, ロジェ著，多田道太郎，塚崎幹夫訳（1990）『遊びと人間』講談社。

カント, イマヌエル著，坂部恵，平田俊博訳（2000）『カント全集7　実践理性批判，人倫の形而上学の基礎づけ』岩波書店。

シュンペーター・ヨーゼフ著，塩野谷祐一，中山伊知郎，東畑精一訳（1980）『経済発展の理論』岩波書店。

スミス，アダム著，高哲男訳（2013）『道徳感情論』講談社（Smith, Adam（1759）*The Theory of Moral Sentiments*）

羽田正（2017）『興亡の世界史―東インド会社とアジアの海』講談社学術文庫。

ホイジンガー, ヨハン著，高橋英夫訳（1973）『ホモ・ルーデンス―人類文化と遊戯』中央公論社。

内閣府（2022）イノベーション・エコシステム専門調査会「世界に伍するスタートアップ・エコシステムの形成について」（https://www8.cao.go.jp/cstp/tyousakai/innovation_ecosystem/about_ecosystem.pdf〔最終閲覧日：2023年11月18日〕）。

文部科学省科学技術・学術政策局産業連携・地域支援（2021）「アントレプレナーシップ教育の現状について」（https://www.mext.go.jp/content/20210728-mxt_sanchi01-000017123_1.pdf〔最終閲覧日：2023年11月18日〕）。

ハラリ, ユバル・ノア著，柴田裕之訳（2019）『ホモデウス―テクノロジーとサピエンスの未来』河出書房新社。

リベット, ベンジャミン著，下條信輔訳（2005）『マインド・タイム―脳と意識の時間』岩波書店。

（山口 不二夫）

第2部

ケース編

ケース編では，スタートアップビジネス企業に対する現場取材に基づき実務的な示唆を導き出す。破壊的イノベーションと地域創生，保守的な業界における事業創出，大学発の外部資源活用型起業，スタートアップにおけるパブリック・アフェアーズ，巨大市場に挑むスタートアップ経営，起業と資金調達等，多様な業種・環境にある企業のケースを多面的な視点から分析を行うことで，スタートアップビジネス経営の真相に迫っていく。

case 1

JINS

進化するアイウエアビジネスと地域創生

●本ケースのねらい●

本ケースは，旧来型の眼鏡産業に一から参入し，価格，デザイン，機能といったあらゆる面で，破壊的ともいえるイノベーションを繰り返し，成長してきたジンズホールディングス（以下，JINS）の長期的な戦略推移を分析する。

創業時の成功要因は何か，競争激化による苦境の乗り越え方，一定規模を達成した後，停滞せずにさらなる成長をいかに目指すのか等，スタートアップ企業の持続的な成長に関する戦略理解につなげていく。

加えて，そのリーダーである田中仁CEOの経営論理を分析するとともに，創業の地である前橋の地域創生とイノベーション促進の取組みを通じて，スタートアップビジネスの新たな出口戦略とビジネスイノベーションに関する考え方を学ぶ。

キーワード

破壊的イノベーション，ビジネスモデル革新，SPAモデル，
出口戦略，地域創生

〈会社概要〉

商　　号：株式会社ジンズホールディングス
代　　表：田中 仁（代表取締役CEO）
設　　立：1988年7月
資 本 金：3,202百万円
売上高（連結）：73,264百万円（2023年8月期実績）
本社所在地：東京本社　東京都千代田区神田錦町3-1 安田シーケンスタワー
　　　　　　前橋本社　群馬県前橋市川原町二丁目26番地4
従業員数（連結）：3,486名［1,628名］（［外書］は準社員等/2023年8月末現在）
事業内容：下記事業を営む子会社等の事業活動の支配および管理，アイウエア企画，製造，販売および輸出入 ウェアラブル端末およびそれらの関連商品の企画，開発，製造，加工，販売，賃貸，保守および輸出入 医薬品，およびそれらの関連商品の販売および輸出入
上場市場：東京証券取引所プライム市場
主な事業会社その他：
　株式会社 ジンズ，睛姿（上海）企業管理有限公司，JINS Eyewear US, Inc.,
　台灣睛姿股份有限公司，JINS Hong Kong Ltd.，株式会社ジンズノーマ，
　株式会社ヤマトテクニカル

1 はじめに

JINSは，1988年に会社設立以降，現在に至るまで，幾多のアップダウンを乗り越えて成長を続けてきた。創業期の困難，雑貨事業からメガネ事業へのシフト，メガネ業界におけるさまざまなイノベーションへの取組み，グローバル化への挑戦等，スタートアップビジネス経営における多大な示唆を与える事例である。加えて，田中仁CEOの起業の経緯や経営者としての成長の軌跡を追いかけることは，これから起業を目指す者にとって大いなる励みとなるだろう。さらに，前橋での地域創生の取組み，事業承継の考え方など，IPO等で終わらない創業社長の新たな出口戦略の姿をみることができる。

2 創業期の事業展開

（1）起業の経緯

田中仁氏は，1987年，彼が24歳のときに，個人でジンプロダクツという商号で事業を始めた。そして，その翌年の1988年に，有限会社ジェイアイエヌ（現在のジンズホールディングス）を設立した。創業時から，田中氏個人の企画力を起点に商売を行う会社であったことが，この商号や社名に表れている。そして，それは現在のJINSというブランド名にもつながっている。

田中氏は，群馬県の前橋市で生まれ育った。今，彼自身が地域創生を牽引しているその場所である。彼によれば，「自分は普通の家庭の三男で，大した期待もかけられずに大きくなった。学校の成績もそこそこで，いわゆる起業家として箔がつくような華々しい経歴は何もない」という。

なぜ彼が，若くして起業に至ったのか。田中氏は，「実家がガソリンスタンドを経営していたので，自分で商売をやるということに興味があった。いつか起業できたらいいなというぼんやりとした夢はあった」と，その動機を語っている。

そして，田中氏が起業を決めた直接のきっかけは，1985年の大みそかのことであった。22歳の彼は，当時，地元の前橋信用金庫（現しののめ信用金庫）に勤めていた。大みそかの夜９時，支店長が，当月目標に達していないということで，営業スタッフ全員に預金の訪問営業の号令を出した。若手営業マンとして，支店長の命令は絶対的なものであったため，地元の名士の家の戸を叩いた。すると出てきた家主から「大みそかに金をせびりにくるなんて，お前はどこの乞食か」という言葉をぶつけられた。この言葉に，田中氏は，「息が苦しくなるほど，悔しかった。自分の仕事が，そしてその仕事をしている自分が本当に情けなく思え，とにかく涙があふれた。しかし，この一件ですべてのためらいが吹っ飛び，起業して自分が納得のいく仕事をしたいという決意が固まった」という。今では，この地元の名士には大変感謝しているとのことだが，これが直接的なきっかけとなって田中氏の起業家人生が始まった。

さて，この田中氏の起業に至る経緯をどう見るのか。直接的なきっかけとなった大みそかの出来事は確かに衝撃的ではある。そもそも起業に対する思いは持っていたが，それは，ごく普通の青年が抱く，ぼんやりとしたものであった。しかし田中氏と対話を重ねる中で感じたのは，何をやるかは明確でなくてもいいから，自分で商いをするという動機を子供のうちから持っていることの重要性である。これは，これまで複数の起業家とのやりとりで，筆者が感じたことでもある。最初の動機はぼんやりとしたものであっても，実際にさまざまなチャレンジを続ける中で，その解像度は上がっていく。そして，最終的に多くの人を巻き込む大きなビジョンに昇華させることが可能となるのである。

また，「自分はいたって普通の子供時代を過ごし，華々しい学歴や経歴は何もない」という点を田中氏は強調する。これは，商いの才は学歴の高さとは異なり，どんな普通の人にも起業のチャンスはあるし，起業にチャレンジしてほしいという強い願いを込めたものだと言えるだろう。

（2）雑貨事業のアップダウン

起業後の会社で，田中氏が手掛けたのは雑貨の企画制作の仕事であった。信用金庫を辞めた後，独立を前提に勤めた会社の企画営業職として，ヒット商品を生み出し，製品企画には自信を持っていた。しかしながら，自分で起業した会社では，ヒットは生まれず，在庫が積み上がり，すぐに資金繰りに行き詰まった。そうした中，当時，美容院を経営していた義理の母親から資金を借りるなどして，なんとか運転資金を調達し，悪循環から抜け出すきっかけをつかんだ。それがエプロンだった。

当時，エプロンはデパートや百貨店でキッチン用具とともに，3,900円から5,000円前後で売られていた。そうした中，ファンシーショップで安いエプロンが売れているという情報をつかんだ問屋から，「1,980円で売れるエプロンを作れるなら大量に買う」という話が持ち掛けられた。この難題に対して，あちこち調べた結果，一色10反（550メートル分）を発注すれば，採算が取れる価格で企画にあう生地を提供してくれる取引先を見つけた。そして，この機会を逃さないために，彼らが選んだのは，10色分の生地を一気に発注するという選択だった。当時の役員の一人が愛車を売り，資金を工面して，この大量発注を実現した。田中氏も後日語っているが，よい企画がある時は，「勝負をかけて材料を大量発注し，原価を下げてお客様が買いたくなるように売価を下げる」という彼らの勝ちパターンが生まれた瞬間だった。

結果，このエプロンは大ヒットとなった。その後ヒットした化粧ポーチと合わせ，従来存在しなかった市場を創造することで，会社の年商は3億6,000万円，経常利益も3,000万円以上に達した。

「そこで僕は，有頂天になった」と田中氏は当時を述懐する。業績好調で，ポルシェに乗って，クラブに通うような毎日を繰り返す中，1994年には経常利益がいきなり前年の5分の1に落ち込んだ。それ以降ぎりぎり利益が出る状況が続いたが，98年には2,000万円の赤字に転落してしまった。「経営者である自分が市場動向を追わない間に円高が進行し，雑貨市場では中国から安い輸入品が入り，高価な日本製品は売れなくなっていた」という。

そこで，田中氏が考えたのは，社員と話し合うことである。普段は会話もなかった社員と，膝を突き合わせての戦略会議を始めた。そして，社員みんなで考えた結果，いたってシンプルに，「中国でバッグをつくろう」という結論に至った。当時，彼らは中国での生産ルートを持っていなかったが，中国広州の貿易展示会で知り合った女性との出会いをきっかけに，現地の工場と交渉を進めた。結果，自分たちが納得するクオリティのものを中国で大量に生産する体制を作り上げることに成功した。こうして3,900円ほどのバッグが大当たりし，赤字を出した翌年に，売り上げ，利益とも回復。さらに2000年には，過去最高の売り上げ7億4,280万円を記録し，経常利益も6,000万円とV字回復を果たした。

このように，創業後の幾多のアップダウンを乗り越えることで，田中氏はチームとして答えを出すことに取り組み，事業の勝ちパターンを身に着け，経営者としての階段を上がっていった。

3　メガネ事業成長の軌跡

（1）メガネ事業へのシフト

では，雑貨の企画制作から，今のメガネ事業にどういう形でシフトしていったのであろうか。

田中氏は，2000年，仕事で知り合った友人に韓国旅行に誘われた。中国製のバッグに続くヒット商品を探していた矢先のことである。南大門市場を歩いていて，たまたま見つけたのが，「メガネ１本3,000円。15分でお渡しします」という日本語のポスターだった。これを見て，当時メガネをかけない田中氏はなんとも思わなかったが，普段メガネをかけている友人は大いに食いつき，その店で２本のメガネを買った。この価格なら気分によってかけ替えたりして，これまで売ってきたファッション小物と同じ感覚で，複数持つことができる。日本に戻って，メガネ業界を調べてみると，店にはさほどお客さんがいないのに，原価のわりに高価格で，利益が出ている業界であることがわかった。「これはチャンスだ。やり方を変えればなんとかなる」と彼は思った。

そこで，メガネ業界の門外漢が，メガネ屋を開店することになる。門外漢であるがゆえに，一号店をオープンするまでが大変だった。特に仕入れに苦労した。まずは国内メーカーに交渉したが，結果は惨敗に終わった。そこで，そもそもの着想を得た韓国に飛んで，レンズメーカー10社をまわってようやく韓国の地元企業に卸すのと同じ値段で売ってくれる仕入先を見つけることができた。

2001年の４月，自社初のメガネ店「JINS福岡天神ビブレ店」がオープンした。この立地を選んだのは一緒に韓国にいった友人が物件に関わりがあったためである。価格は，メガネ一式5,000円と8,000円（税抜き）のツープライス制で臨んだ。メガネを低価格で提供し，その日の服や気分によってかけ替えられるような，ファッション性の高いアイテムへのイメージチェンジに挑戦することになった。結果は大ヒットとなり，店舗スタッフから泣きの声が入るほど店に人が集まり，JINSのメガネは売れていった。

しかしその後，同じような価格帯のメガネ店が天神地区に乱立し，JINSの売上も減少した。さらに同じ時期，出店していたテナントビルの親会社の倒産による売掛金の損失も重なり，メガネ事業をやめて，雑貨事業に戻るかどうかを迫られた。悩んだ田中氏は，現場に答えを求めて，同業の店を１店１店見てまわることにした。そこでつかんだのは，「これならJINSは勝てる」という感触だった。結果，雑貨事業から資金を数千万円単位で移し，メガネ事業に大きく舵を切ることになった。

このメガネ事業へのシフトによって，製品の企画開発，製造，販売までを一手に引き受け，価格を下げていく，同社の製造小売業（SPA）としてのビジネスモデルが確立した。既成のフレームを仕入れるだけでなく，自分たちでデザインまで手掛けることで，本当に納得できる商品を作ることが実現可能になった。JINSの店舗数は2005年時点で21店舗，売り上げは39億4,000万円に達し，2006年の８月に，大証ヘラクレスへの上場を果たした。

（２）上場後の事業の低迷

上場後，従来から続けてきた雑貨とメガネを組み合わせた事業に挑戦したが，うまくいかなかった。そうする中，競合他社の台頭によって，メガネ事業の利益が落ちてきた。さらに，2008年のリーマンショックによって売り上げがぐっと落ち，JINSはいよいよピンチに追い込まれていった。株価も低迷，証券会社や外資系金融機関からM&AやMBOの話が持ち掛けられた。そして，経営方針が定まらないまま迷っていた矢先，一人の元証券アナリストから，ファーストリテイリングの柳井正会長を紹介された。

2008年12月24日，田中氏がまさかと思った柳井会長とのアポイントが実現した。正味30分のミーティングでは，柳井会長に矢継ぎ早に言葉を投げかけられ，正に「千本ノック」のような面談であったという。その中で，何よりも彼の心を揺さぶったのは「志のない会社は，継続的に成長できない」という柳井会長の言葉だった。自分は，志がないまま，ただ儲かるからと事業を拡大してきたのではないか。製造小売業（SPA）としてのビジネスモデルの見本であり，ほぼゼロからビジネスを立ち上げ，大きな成功に導いた先人の言葉は，けた外れの重みを持つものだった。田中氏は，その日，ぐったりして，早めに寝込んでしまったという。

なぜ，柳井会長がわざわざ時間をとったのか。その意図はわからない。M&Aの対象の一候補として会ってみただけかもしれない。しかしながら，この出会いは田中氏が経営者として，さらに上の階段を上る大きな転換点となった。

（３）ビジョンの構築と起死回生の一手

2009年の１月，ジェイアイエヌは経営陣合宿を行った。その合宿では，「我が社は何のために存在しているのか，何のために働いているのか」といった会社のビジョンがテーマとなった。結果，当時の経営陣のコンセンサスを得たのは，「メガネをかけるすべての人に，よく見える × よく魅せるメガネを，市場最低・最適価格で，新機能・新デザインを継続的に提供する」というものだった。これは，若者向けのメガネ屋から脱皮し，既存のメガネチェーンと真っ向勝負し，メガネ業界のNo.1を目指すという覚悟を表現したものだ。

ここから，ジェイアイエヌの上場後の不調からの反転攻勢が始まった。

まず，ビジョンにある「市場最低・最適価格」を実現するために，追加料金の問題に向き合うことになった。それまで，JINSは，税込み5,250円と8,400円のツープライス制を採用していたが，レンズを非球面や薄型にしたり，度を強くしたりすると，追加料金がかかっていた。既存のメガネチェーンも単一価格販売を始めたため，JINSの価格競争力は徐々に落ちていった。そこで，「追加料金ゼロ」に挑戦するプロジェクトを立ち上げ，レンズの仕入先を複数社から取引条件に応じてくれた１社に大量発注する決断を行った。2009年５月，「NEWオールインワンプライス」として追加料金ゼロで税込み4,990円から購入できるプランを発表，顧客の反応は非常に高く，会社全体の業績も上向きになった。

ビジョンの中で次に実現させようと考えたのが「新機能・新デザイン」である。この方針により，その後の看板商品となった「Airframe」が生まれた。新素材を見つけ，試作を繰り返すことで，田中CEOは商品としていけるという確信を持ち，いつもの勝ちパターンである新フレームの大量発注に動いた。ヒット商品の３年分の在庫に当たる７万本を発注し，一気に勝負に出た。

この新製品の発売日を2009年９月17日と定め，「Airframe7万本の販売」と「追加料金ゼロ」に加え，店舗をすべて「JINSという単独ブランドに統一」，旗艦店をビジョン体現型の店舗に変える「原宿店リニューアルオープン」，「テレビCMへの１か月５億円の集中投入」といった５つの策を一気に投じた。同時に，会社の組織改革も進め，彼らがいうところの「決戦の日」を迎えた。結果は，原宿店に大行列ができて，１ヵ月もしないうちにAirframe7万本の在庫が底をついた。Airframeは2014年時点で累計1000万本を超える大ヒット商品となった。その後も売れ続け，2020年には，Airframeの累計販売本数は2,000万本を超えている。

（4）機能性アイウエアへの挑戦

「メガネは視力が悪い人のもの」という常識を変えたい。視力が悪い人だけでなく，シーンに合わせて，機能別にかけ替えるメガネ。まさに，人間にとっての洋服のような存在のメガネをつくることはできないだろうか。これが，Airframeの次に，JINSが取り組んだ「機能性アイウエア」というアイデアだ。これに向けて，大学の研究室や医療機関，レンズメーカーとのさまざまな協業や研究を積み重ねていった。

2011年7月13日，JINSは「機能性アイウエア」シリーズの記者発表会を開いた。そこでは，保湿ができる「JINS Moisture」とブルーライトをカットする「JINS PC」，さらに各スポーツに最適な視界を提供する「サングラス」を発表した。市場の期待は，予想に反してJINS PCに集中した。そうしたニーズをさらに掘り起こすために，ブロガー等をターゲットにしたブルーライトの脅威についての啓発活動を行った。

結果，JINS PCはメジャー商品として認知されるようになり，売り上げは発売から1年で累計80万本に達した。その後も順調に売り上げを伸ばし，2014年には売り上げ累計400万本を突破した。2015年にJINS SCREEN にリニューアル後も売上を伸ばし，2017年には累計800万本，2020年には累計1,100万本に達した。

4　メガネの購入体験を変える取組み

JINSはメガネの機能や価格を変えるだけでなく，メガネの購入体験を変えることにも長年取り組んでいる。

JINSがメガネのECサイトの検討を始めたのは2006年ごろで，アマゾンや楽天が日本で普及し始めた直後のことである。メガネを買うには，視力を測り，フレームを調整するなどの作業が必要なため，当時，世界的にもメガネのECサイトはほとんどなかった。そうした課題を，メガネ店で計測した視力情報を顧客に渡す方針に転換，日本人の顔の形にフィットし調整のいらないフレームの開発などによって，クリアしていった。そうして，2007年9月，ECサイト「JINS ONLINE SHOP」の開設にこぎつけた。売り上げはすぐに伸びないと覚悟はしていたが，3年間赤字が続いた。しかしながら，2011年のJINS PCの発売時，ECサイトが大きな役割を担った。JINS PCはネットユーザーが興味を持つ商品であったということもあり，JINS PCの約4分の1がECサイトで売れるに至った。

また，2013年には，自動車保有率の高い郊外型のお客様のニーズに応えるために，群馬県前橋市にドライブスルー店舗を開設するなど，新しい店舗の形を模索してきた。

既存店舗においても，メガネの購入体験を変えるさまざまな取組みを行っている。JINSのビジネスモデルの中核には回転率がある。従来型のメガネ店に比べ，JINSは客単価が安いが，客数が多く，一店舗当たりの売り上げが従来店舗に比べ，倍以上になっている。それを実現したのは，従来型メガネチェーンの多くがロードサイドにあるのに対し，JINSは集客率の高いショッピングセンターやファッションビル内に立地している点にある。

また，販売方法もたくさんのお客様にスムーズにメガネを買ってもらえるように，店内は受付，視力測定，会計，受取りの動線が流れるように設計されている。顧客は気にいったフレームを受付に持ち込み，視力を測定し，その場で合ったレンズをセッティングしたら，そのまま持ち帰ることができる。昔ながらのメガネ店は，一人ひとりのお客様になるべく高いフレーム，高いレンズを買ってもらえるように丁寧に説明する。そして，注文後，メーカーからレンズを取り寄せるため，受け渡しまでに3日から1週間かかる。JINSはそれが店舗にストックされているから，早く受け取れる。

2023年10月に筆者が訪問した銀座ロフト店では，受付の機械化，受取りのためのPICK UP LOCKERなど，顧客の滞留時間を大きく変える仕組みを導入している。現在，JINSが目指しているのは，「従来の線路に載せられるような購買体験でなく，もっと顧客が自由に動き回れて，自由に買えるような体験」である。銀座ロフト店に訪問した当日は，土地柄，海外からのインバウンド顧客で満杯だったが，こうした仕組みは言語の壁を超えることにもつながると感じた。「よりスピーディでまったく異なる購買体験を世界に提供したい」と田中CEOは語る。こうしたJINSの新しい動きは，世界のメガネ業界の中でも注目されているという。「世界に打って出るために，これまでのメガネにはなかった購買体験＝カスタマージャーニーを生み出したい」という発想がそこにある。

図表①－1　JINS銀座ロフト店

筆者撮影

図表①－2 PICK UP LOCKER

筆者撮影

5 新たなビジョンの制定と世界市場への挑戦

JINSは，「世界で一番イノベーティブなアイウエア企業を目指す」という方針の下，2010年12月，世界進出の第１号店として，中国東北部最大の都市である瀋陽に出店，さらに，2015年の４月には，アメリカのサンフランシスコへ進出した。

そして，2014年２月，世界に向けてJINSのより強く，根源的な方向性を指し示すべく，「Magnify Life」という新たなビジョンを制定した。Magnifyには，レンズで物や像を拡大するという意味合いがある。そこには，「アイウエアの可能性を信じ，メガネのイノベーションを通じて，もっと人々の人生を豊かにしていきたい，スニーカーのようにメガネを10本持っているのが当たり前のような社会を実現したい」という同社の想いが込められている。メガネ型デバイス等に関しても，ウェアラブルコンピューティングのような技術革新はともかく，ヘルスケアの分野での貢献を目指している。

加えて，Progressive（先進的な），Inspiring（インスパイアする），Honest

（誠実な）というビジョンに基づく3つのバリューを制定した。Progressiveは JINS PCやウェアラブルデバイスに代表されるようなイノベーションを追求する姿勢を表す。Inspiringはメガネによって昨日と違う自分になる，もっとおしゃれになるといった喜びを提供する意味合いがある。Honestは価格帯や接客，エビデンスを基にした製品開発など，すべてに通じるもので，お客様が感じる価値を大切にし，真剣に向き合う姿勢を表している。このMagnify Lifeというビジョンと Progressive，Inspiring，Honestという3つのバリューに基づき，商品，価格，スタッフの接客等，すべてが一体となってJINSというブランドを進化させていく方針である。

2023年，Appleの米国本社でクリエイティブ・ディレクターを務めてきたポール・ニクソン氏がJINSに参加した。彼と田中CEOは，そもそも前橋が縁で出会った。そして，その後のやり取りを通じて，グローバルレベルの購買体験構築の総合クリエイティブ・ディレクターとして参加することになった。田中CEOは，「経営者が世界を飛び回るのは限界がある。会社の高い目標を実現するには，それを可能とする人材を各国に確保する必要がある。そのためには，グローバル人材にふさわしい報酬体系と，適切な評価が可能な人事体系の構築が必要である」と語る。JINSは，今まさにこの課題に取り組んでおり，ポール・ニクソン氏の処遇はその最初のケースとなっている。

6　前橋での地域創生活動

田中氏は，2013年，地元の上毛新聞社の協力を得て「群馬イノベーションアワード」という次世代の起業家を発掘し，表彰するプロジェクトを立ち上げた。これは，「起業家がたくさん生まれる場所には，活力がある。起業はイノベーション，そして顧客，雇用を生み出す」といった発想に基づくものだ。そして，翌2014年には前橋に「群馬イノベーションスクール」を設立，ビジネススクールの教授の講義や著名企業の経営者との直接討論の機会もある実践的な起業家のためのフリースクールである。募集人数は毎年30人。この中から多くの起業家が生まれている。さらに，2024年3月には，デロイト トーマツ グループと組んで，「NIPPON INNOVATION AWARD」という日本最大級のビジネスコンテストの前橋開催を実現した。こうした活動は，自身の起業経験を次世代につなぎ，事業を立ち上げた地元に還元する取組みである。

また，シャッター街の例として教科書に載るような前橋の状況を打破するために，同じ前橋出身の糸井重里氏とともに，市のビジョン策定にも関わり，現在に至るまで，地域の活性化のさまざまな取組みを牽引している。その象徴的な例が，前橋で約300年の歴史を持ちながらも廃業した白井屋旅館を2020年に再生しオープンさせた白井屋ホテルである。同ホテルのデザインには世界的な建築家も加わり，数々の建築賞を受賞，国内外から宿泊客を集め，前橋再生のシンボルとなっている。

図表①－3　白井屋ホテル外観

筆者撮影

図表①－4　白井屋ホテル内部

筆者撮影

こうした活動の動機について，田中氏は「前橋という地域から日本を元気にしていきたい」と述べている。彼は，行政と連携しつつ，民間主導で街づくりに取り組んできた。これを「前橋モデル」と名付けており，日本の地域再生の範例となることを意識していることが伺える。

「JINSという会社の経営と前橋におけるイノベーションの促進や地域創生の活動をどのように両立しているか，社員に理解されているのか」という筆者の問いに対して，田中氏は「最初は理解ができない人も多かったように思う。しかし，遊びではなく本気で取り組み，結果的にそれが事業にもつながっていることを感じてくれていると思う」と答えている。

名刺管理サービスを軸に急成長を遂げているSansanの寺田社長が理事長になって2023年に開校した徳島の「神山まるごと高専」プロジェクトなど，現役で事業拡大にまい進しながら，社会的な活動を同時並行で進める起業家が増えている。田中氏や寺田氏のこのような地域創生への取組みや社会的な活動は，IPOやM&Aに留まらないスタートアップ経営者の出口戦略の新しい形として注目されるところである。

7　おわりに

いざというときに「振り切る」さまざまな経営判断をした時の心境について，田中CEOに改めて聞いてみた。それに対して，「のるかそるかの背水の陣という意識だからこそ，振り切ることができる。売れなかったらこうしようとか最初から保険を掛けた勝負をしていたら売れない。リスクを取る勝負をしているといろいろな知恵がわいてきて，潜在能力が最大化される。Bプランはない。ただし失敗したときにどう責任を取るかは考えておく。2009年のAirframeへの大きな投資や2014年に業績が落ちた時に広告宣伝費を絞って給料を上げた取組みなど，失敗したら会社を辞める覚悟だった」という答えが返ってきた。急成長するスタートアップと停滞するスモールビジネスの違いは，このいざという勝負に対する経営者の覚悟にあるとも言えるのだろう。

JINSは2023年，オフィスを30階建てのビルの最上階から，神田錦町の中層のビルへ移転した。その真意はどこにあるのか。田中CEOによれば「大企業病というほどではないが，どうしても失敗をしないようにという発想になる社員が増えてくる。特に，新しく入ってくる人のタイプが違ってきた。社員のクリエイティビティの低下に関する危機感がそこにある」とのこと。新しい本社ビルでは，「壊しながら，つくる」をコンセプトに，リノベーションをしながら社内にサウナを作るなど，ベンチャー魂を取り戻す取組みに挑戦している。

図表①－5　東京本社ビル　会議室フロア（2023年10月30日時点）

筆者撮影

また，事業承継をどのように考えているかという筆者の問いに対して，田中CEOは「幸い，当社の場合は副社長の息子とそれを支えるチームがあり，彼らが次のステージに繋げてくれると信じている。まだまだ経験は少ないが家業から始まった事業に対する想いは誰よりも強い。それが事業承継の一番の決め手であった」と答えている。「一貫した事業成長を図る上で，ファミリービジネスの利点もある。どうしても息子に継がせるでもなく，親族への承継は絶対避けるでもなく，より適任だからと自然な流れで考えている」というのが田中CEOの発想である。前述した会社の経営と前橋の活動の両立にどこか余裕があったのも，事業承継に道筋が見えていることが起因しているのかもしれない。

さらに，起業を意識している人に対してどのような言葉をかけるかと問うと，「結局は行動力，もがく過程で必ず道筋が見えてくる。やりたいこと，好きなことを真剣に考え，本気で取り組んでほしい」という答えが返ってきた。まずは，曖昧でもいい，大きな社会問題でなくても，自分が夢中になれることから始める。それに本気に取り組み，もがき苦しむ過程で突破口があり，それが新たな事業展開を生む。そして，勝負を繰り返しながら，さらに道を進めるうちに，自分も成長し，さまざまな人を巻き込む大きな志に昇華していく。田中

CEOのこれまでの起業の経緯や本人との対話を通じて，創業経営者と会社の成長プロセスをこのように理解した。

田中氏は，今でも年に一度はユニクロの柳井会長の下へ挨拶に出向き，会えば必ず本質的なアドバイスをいただくという。そして最後に印象に残ったのは，最近も柳井会長から投げかけられたという「何故そんなに成長が遅いんですか？」という言葉，であった。

〈JINSと田中仁CEOの沿革〉

1963年1月	群馬県前橋市で生まれる
1987年4月	24歳，個人で事業を始める
1988年7月	前橋市で有限会社ジェイアイエヌを設立
1991年7月	会社を株式会社ジェイアイエヌに改組
2000年5月	韓国に旅行，アイウエア事業の可能性を見出す
2006年8月	大証ヘラクレスに株式上場
2009年5月	レンズ追加料金ゼロの「NEWオールインワンプライス」導入
2010年12月	中国の瀋陽に店舗を出店
2011年6月	「ワールド・アントレプレナー・オブ・ザ・イヤー2011」出場
2011年7月	機能性アイウエア「JINS Golf」「JINS Sports」発売
2011年9月	機能性アイウエア「JINS PC」「JINS Moisture」発売
2012年11月	「JINS PC」が累計販売本数100万本を突破
2013年5月	東京証券取引所市場第一部に上場
2013年	群馬イノベーションアワード設立
2014年5月	「JINS PC」が累計販売本数400万本を突破
2014年7月	東京本社を東京都千代田区富士見に移転
2014年	前橋市に群馬イノベーションスクール設立
2014年8月	新ブランドビジョン「Magnify Life」策定
	中国50店舗目オープン
2015年4月	サンフランシスコに北米1号店「JINS Union Square」出店
2015年11月	台湾に1号店「JINS 誠品站前店」出店，JINS MEME発売「JINS PC」を「JINS SCREEN」に変更
2016年11月	AIによるメガネのレコメンドサービス「JINS BRAIN」開始「JINS SCREEN」の累積販売本数700万本突破

2017年3月	4プライスから3プライスに価格改定
2017年4月	株式会社ジンズに商号変更。フィリピンマニラ1号店出店
2017年5月	中国100店舗目出店
2017年7月	バイオレットライトに着目した「JINSこどもレンズ」発売
2018年1月	コンタクトレンズ事業参入,「JINS 1DAY」販売開始
2018年9月	香港1号店「JINS 香港 apm」出店
2019年7月	ジンズホールディングスに社名変更，ホールディングス体制へ移行
2020年1月	Airframe累計販売2000万本，JINS SCREEN1100万本突破
2020年7月	アプリ会員数600万人突破
2020年12月	前橋に「白井屋ホテル」を再生オープン
2021年4月	前橋市に地域コミュニティハブ「JINS PARK」開設
2022年2月	webのオウンドメディア「JINS PARK」創刊
2022年10月	メガネフレーム製造会社ヤマトテクニカルを子会社化
2023年1月	移動販売サービス「JINS GO」稼働開始
2023年5月	東京本社を東京都千代田区神田錦町に移転

Review & Discussion

① スタートアップビジネスにおけるイノベーションやビジネスモデル革新のポイントについて考察してみよう。

② 事業イノベーションを興す上で，制約となること，逆に後押しとなることを考察してみよう。

③ 事業を成長させる起業家に重要なことは何かを考察してみよう。

〈参考文献・資料〉

※文中の「　」の中は，田中仁CEOの言葉である。2014年ごろまでの事業の経緯については，田中氏自身による著書『振り切る勇気』の内容を一部転載させていただくことの許諾を得て，今回行ったインタビューと統合する形で表現している。

田中仁（2014）『振り切る勇気―メガネを変えるJINSの挑戦』日経BP社。
日経ビジネス「不屈の路程シリーズ10，田中仁：逆境は必ず糧になる」2020年9月29日号，10月5日号，10月12日号，10月19日号。
JINS Webサイト，https://www.jins.com/jp/corporate/（最終閲覧日：2023年11月30日）。
『Discover Japan』「前橋でいったい何が起きている？　仕掛け人，JINS代表 田中仁さんにイノベーションシティ計画について伺いました！」（2021年3月23日，JINS田中社長インタビュー），https://discoverjapan-web.com/article/54448（最終閲覧日：2023年11月30日）。

株式会社JINSホールディングス・田中仁取締役CEO社長インタビュー

・2022年４月30日　白井屋ホテル（前橋）

・2022年10月30日　前橋ブックフェス会場

・2023年10月31日　JINS神田本社ビル

店頭観察および取材（株式会社ジンズ店舗人事部・佐藤雄氏）

・2023年10月30日　JINS銀座ロフト店

謝辞

本ケース作成に当たり，田中仁CEOはじめ株式会社ジンズホールディングスの皆様には，取材にご協力いただくとともに，さまざまな情報や資料をいただいた。ここに深く感謝申し上げます。また，田中氏との出会いのきっかけを作ってくれた群馬県館林市の株式会社ジャングルデリバリーの三田英彦社長にもお礼を申し上げます。

（首藤 明敏）

case 2

みんなの銀行

超保守的業界からいかにしてデジタルバンクが生まれたか

●本ケースのねらい●

本ケースでは次の３つについて，事例を通じて理解することを狙いとする。

スタートアップの成長過程において生じ得る課題に，出資者からのプレッシャーへの対応，成長過程でのビジョンの維持，業界構造の中でのコンフリクトの回避がある。

スタートアップが計画どおりの売り上げ収益を上げられない時，出資者や親会社からの介入は避けられない。本ケースでは，旧弊な文化を持つ大企業を親会社に持ちながら，スタートアップがいかに独立性を維持できるかを学ぶことができる。

スタートアップでは短期成果追求，もしくは，急成長に伴う混乱から，当初のビジョンに基づく戦略の揺れが起き，戦略と戦術の整合性を失ってしまうことがある。本ケースでは，マーケティング戦略のＳＴＰの堅持，ターゲット顧客層に対するサービス・マーケティング7Pのシナジー効果の作り方を学ぶ。

最後に，どのような企業も単独でビジネスをするわけではない。金融サービス・ネットワークにおける各アクターが共創的な関係を築くことが重要である。本ケースでは，みんなの銀行が既存業界へのチャレンジを企図しながらいかにBtoB，BtoCの顧客や企業との関係性を構築してきたかについて理解する。

キーワード

親会社，企業文化，リーダーシップ，ネオバンク，デジタルバンク，フィンテック

〈会社概要〉(1)

商　　　号：株式会社みんなの銀行
代　　　表：永吉 健一（取締役頭取）
設　　　立：2019年８月
資　本　金：165億円（資本剰余金含む）
経 常 収 益：6.8億円（20 23年３月期）
本社所在地：福岡県福岡市中央区西中洲6-27
社　員　数：165名（2023年４月現在）
事 業 内 容：B2C事業：全国のデジタルネイティブ世代に向けてスマートフォンで完結する金融サービスを提供
B2B2X(BaaS)事　　業：みんなの銀行の金融機能・サービスを，APIを介して事業パートナー（主に法人）に提供
バンキングシステム提 供 事 業：システム開発/運用業務の内製化を進め，システム・機能自体を提供/販売

出所：みんなの銀行公開資料・社内資料より筆者作成。詳細情報は付属資料１および２を参照のこと。

1　はじめに

「みんなの銀行」は，日本初のデジタルバンク（スマートフォン専業銀行）である。みんなの銀行は，設立準備会社の段階で，ふくおかフィナンシャルグループ（以下，FFG）からの100％出資（８億円）によって設立された。大企業の子会社をあえてスタートアップのケースとして取り上げるのは，「“全く新しい”将来の銀行像をゼロベースで作る」というコンセプトをまさに実現させた点に着目したからである。変革が起こりにくい銀行業界で，地銀大手を親会社に持ちながら，その文化の否定となるチャレンジをいかに成功させたのか，スタートアップと出資者との関係，マーケティング戦略の一貫性，サービス・エコシステムの機能（戸谷 2021）の検討などから考察する。

（1）地銀を取り巻く環境の変化

FFGは，福岡銀行を中核とし，同県の福岡中央銀行，長崎県の十八親和銀行，熊本県の熊本銀行，の４つの銀行，さらにクレジットカード会社，証券会社，コンサルティング会社などを傘下に持つホールディングスである。2023年３月期のFFGの経常収益は3,313億円でメガバンクも合わせた銀行業全体で８位，地銀グループでは１位である。第２位はめぶきフィナンシャルグループ（常陽銀行ほか）3,295億円，第３位がコンコルディアフィナンシャルグループ（横浜銀行ほか）3,130億円と続く。人口減少や過疎化，他業種の金融参入，景気低迷による法人の資金需要の減少などから，地銀の経営環境の厳しさが増す一方で，主要地銀は再編によってホールディングス化を進めている。2018年６月に104行あった地方銀行（第一・第二地銀合計）数は2023年６月時点で99行(2)になっている。

銀行の３大機能，金融仲介（貸し手と借り手の仲介をする）・信用創造（預金と貸出を繰り返すことで，通貨を増やす）・決済（現金を使わずに資金移動や支払いをする）を粛々と行っていけばよいというビジネス環境ではないことは業界の共通認識である。監督官庁である金融庁による金融行政も，厳しい管理監督を主とする方針から，金融機関自らの長期戦略立案と実行を促す方向へと移行した（三輪ら 2019)。2021年の銀行法改正では，銀行が営める業務範囲がシステム販売やデータ分析・マーケティング，登録人材派遣など大幅に拡大されている（古澤 2022)。自由度が上がったことで，銀行はより戦略を問われる時代になったといえよう。

このような環境変化の下，FFGが10年後の銀行のあるべき姿を検討する中で生まれたのがiBankマーケティング(3)（以下，iBank)，そして，みんなの銀行なのである。

（2）設立経緯

みんなの銀行の構想はいつ始まったのか。実は，この問いに答えるため，FFGが出資してみんなの銀行に先立って設立された，日本初のネオバンクiBankの役割が重要となる。

iBankは2016年４月に設立され，３年後の2019年５月に，システム開発子会社ゼロバンク・デザインファクトリー，続いて，みんなの銀行設立準備会社が2019年8月に設立された。

みんなの銀行の現頭取，一連の新会社設立の中心人物である永吉健一は，2019年の準備会社設立時には，FFG事業戦略部に所属し，かつ，2016年4月に設立したiBankの社長として，金融サービスのスマホアプリ「Wallet+」の充実と他地銀への拡販を展開中であった。iBankは，さまざまな意味で，みんなの銀行の前哨戦となっていた。

（3）iBankでの経験

iBankは，社会構造の変化や若い世代の価値観に沿った金融サービスを提供するFFGのデジタル戦略子会社で，銀行代理業である。中心サービスの「Wallet+」は，提携行の給与振り込みなどの入金やデビットカード，QRコード付きの納付書による支払いなどを一元的に管理でき，旅行や住宅取得など目的別の預金口座の設定，借入，資産形成など，人生設計に必要なサービスがスマホ上に統合されたアプリである。「Wallet+」はみんなの銀行準備会社設立前年の2018年末時点で既に60万ダウンロードを達成していた（2023年5月時点で12金融機関が採用，250万ダウンロードになっている（付属資料1））。

サービス開発に当たり，iBankでは，詳細な顧客インタビューを実施し，ターゲット顧客のお金にまつわる行動を特定，複数のカスタマージャーニーを作成して，目的別口座のデジタル管理といった核となるサービスを決定していった。既存銀行が提供する全方向サービスをアンバンドリング・リバンドリング(4)して，ターゲット顧客が求めるサービスに再構成するという方法をとっている（戸谷 2020a）。

永吉らがFFG経営陣にみんなの銀行の企画を提示したのは複数の第一地銀が本サービスをプラットフォームとして採用し，アプリのダウンロード数も増加したとはいえ，収益的には赤字の時期である。実は，永吉はiBank設立時から新たな銀行を創りたいと考えていたが，巨額資金と膨大な準備が必要であることから，まずは銀行代理業からスタートすることにしたのである。しかし，iBankを設立して半年もしないうちから，やはり銀行を創る必要があると考えるようになっていた。代理業だけでは，銀行の商品・サービスそのものには手を加えられない。そこで，iBankで一定の経験を積んで，成功の道筋が見えた段階で，銀行設立の提案となったのである。

2　お客様起点の企業文化

（1）企業文化形成

日本人の国民性として，不確実性を回避する傾向が強いことはHofstede（1983）をはじめ学術的にも多くの研究で検証されている。なかでも銀行は，「石橋を叩いて渡らない」と揶揄される企業文化を持ち，さらには監督官庁の厳しい監視の下，何よりも規制を逸脱しないことを優先して仕事をしてきた。iBankは銀行からの出向者が多くを占め，ごく一部のデザイナーやIT業界など既存の銀行にはいない人材が外部から採用されていた。一方みんなの銀行は，FFGの出資規模は桁が違い，従業員構成もiBankとはまるで異なる。人員構成は，銀行出身は3割，7割はデザイナー，エンジニア，マーケターやデータサイエンティストで，他業種からのキャリア採用である。幸いにして，新しい銀行を創る，というビジョンに共感したり，面白いと思ったりした人々が集まったことから，向かうべき方向のベクトルは合っていた。しかしながら，20人程度の銀行出身者で構成され，阿吽の呼吸で仕事を進めてきたiBankとは勝手が違う。人員が100人，200人と増えるに従って，企業カルチャーを共有し，目指す方向や行動指針を明文化し，共通認識を持つことが必要になってきた。

出資額や注目度の点から，みんなの銀行の動向はFFGにとっても重要性が増している。FFG経営陣は，設立の経緯などを踏まえ，詳細な戦術にはあえてあまり口出ししないが，収益計画と実現値のギャップなどは木目細かくチェックするなどガバナンス面はよいバランスをとるよう配慮していた。

（2）行動指針「INSIGHT」とリーダーシップ

そこで，みんなの銀行ではINSIGHTと呼ばれるいわば行動指針7項目を作った（**図表②-1**下）。顧客が「次に」欲しいと思うモノを誰よりも先に創ろう。「できない」ではなく，どうしたら「できる」かを考えよう。など，カッコで括られたキーワードを見れば，未来志向，かつ，ポジティブな方向性だとわかる。一つひとつが永吉の出身母体であり，みんなの銀行の親会社の所属する「銀行業界」が長く保持してきた文化とは相反する（戸谷 2020b）。銀行業界は，横並びで新商品やサービスが開発され，まずは都市銀行（現在のメガバンク），次に地方銀行，信用金庫と順に同じものを提供し，監督官庁から既存ルールを守らないことに対する減点方式の評価がされ，万全な準備の下，決して間違いが起こらないこと，失敗しないことが重視されてきた。まずやってみる，うまくいかなければ修正すればよい，などということは御法度であった。そういっ

図表②-1　iBankとみんなの銀行のミッション・ビジョン・バリュー（上）とみんなの銀行の「INSIGHT」（下）

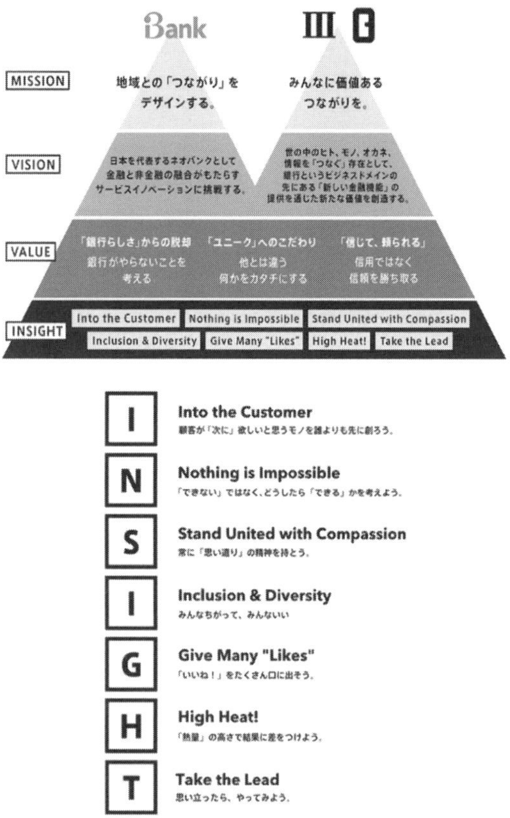

出所：みんなの銀行（2023）。

た銀行業界出身者が，このままでは将来がない，と危機感を感じて立ち上げたiBank，みんなの銀行だからこそ，常に初心に立ち返るべき指針としてのINSIGHTが意味を持つ。

行動指針の前提としてあるミッション，ビジョンとの関係は**図表②-1**上のようにiBankとみんなの銀行がセットになっている。もともとiBankでは具体的なビジョンやミッションは明示されていなかった。みんなの銀行でそれらを整備する際に，iBankの中で醸成された価値観がベースとなっているという認識が再確認され，両者は同時に整備されることになったのである。7つのINSIGHTのような基本的な考え方は共通するが，企業としてのビジョン・ミッションは異なるものとなる。

3　マーケティング戦略と戦術

（1）マーケティング戦略：STP[5]

みんなの銀行のマーケティング戦略的位置付けを明らかにするに当たって，同じく地銀グループ東京きらぼしフィナンシャルグループ（以下，東京きらぼしFG）が2021年にスタートしたデジタルバンク，UI銀行との比較をしてみたい。

東京きらぼしFGは，東京都民銀行，八千代銀行，新銀行東京のいずれも東京を拠点とする3行の合併で生まれたきらぼし銀行が，東京きらぼしFGと名称変更したフィナンシャルグループである。東京都民銀行は東京都の第一地銀，八千代銀行は東京都の第二地銀であった。きらぼし銀行の市場はメガバンクをはじめ多くの金融機関の激戦区のうえ，店舗維持費用も人件費も高い。UI銀行設立の目的は，FGの経営効率化，言い換えれば，現在の顧客基盤ごとデジタルに移行することを狙うものである。全方位戦略であり，個人向けにフルサービスを提供する（新井 2022）。

みんなの銀行は，既存の顧客ではなく，現在取り込めていない若年デジタルネイティブにターゲットを絞っている。iBankでも実施したように，まず顧客セグメントを明確にするためのヒアリング調査を繰り返し，ターゲットの若年層顧客を，「学生」「パワーカップル（共働き）」「若手ハイキャリア（高学歴でデジタルリテラシーが高い）」の3セグメントにわけている。これらのセグメントに対して競争優位なポジショニングを探り，各層のニーズが高い金融サービスに提供を絞り込み，高コストやローンチに時間のかかるサービスは提供しないという意思決定をしている。さらに，UI/UXの好みを特定するユーザビリティテスト，ユーザーテストを繰り返して作り込んでいる。

（2）マーケティング戦略と戦術：サービス・マーケティングミックス7P(6)

みんなの銀行はSTP分析に基づいた明確な戦略を作った。次に戦術をサービス・マーケティング・ミックス（Booms and Bitner 1982）の観点から検討してみたい。

Product（商品）は7つに限定される。「貯める」，「送る」，「支払う」，「振り返る」，「立て替える」，「借りる」，「ATM」である。貯蓄ではなく「貯める」といった一般に馴染みのある表現を使う点も含め，それぞれに既存銀行とは異なる特徴がある。

「貯める」では，貯蓄預金の中に仮想の口座，BOXを20個まで作ることができ，住宅購入や教育資金など目的別に貯蓄を仕分けできる。「送る」では，特定のアプリ同士で個人間送金を行う「ことら送金(7)」を使う。スマートフォン決済サービスは現在乱立しているが，ほとんどの銀行が参加するJ-Debitをベースとすることら送金に将来は集約されると考えられる。10万円以下なら他行宛でも手数料は無料で，24時間365日可能である。この方法の場合，送金相手の口座番号なしで，電話番号やメールアドレスだけで送金できる。「支払う」は，カードレスデビット，つまりスマホだけで支払いが可能で，0.2%のキャッシュバックがある。「ATM」も同様にカードレスで，アプリのみで入出金が可能である。一方で，公共料金やクレジットカード代金の決済には対応していない。

Price（価格）は，ターゲット層に合わせて低く抑えられている。特に，25歳以下の顧客にはU25Z割として送金やATM入出金手数料がそれ以外の層より優遇されている。Place（流通）は，スマホ限定で，口座開設からさまざまなサービス利用までスマホですべてが完結する（**図表②-2**）。

図表②-2　みんなの銀行のサービス価格

（2023年11月時点）

		プレミアム会員以外	プレミアム会員 6ヶ月間無料
サービス利用料		0円	月額600円
貯蓄預金金利* i		0.1% （税引後0.079%）	0.3% （税引後 0.239%）
他校宛 振込手数料	25歳以下 （U25 Z割）	月3回まで無料 その後は200円/回* ii	月13回まで無料 その後は200円/回* ii
	26歳以上	200円/回	月10回まで無料 その後は110円/回* ii
ATM出金 手数料	25歳以下 （U25 Z割）	月3回まで無料 その後は110円/回* iii	月13回まで無料 その後は110円/回* iii
	26歳以上	110円/回	月10回まで無料 その後は110円/回* iii
デビットカード キャッシュバック率		0.2%	1.0%
レコード一括更新		×	○* iv
カバー		×	○* v
ショッピング保険（国内）		×	○* vi

* i 金利は年利率。利息には復興特別所得税を付加した20.315%の税金がかかる。本金利は，市場金利情勢などにより変更になる場合がある。上記預金は預金保険の対象であり，同保険の範囲内で保護される。
* ii 他行宛振込手数料の無料回数は振込資金引落時点に確定するため，アプリ上に表示する振込手数料と実際に引落す振込手数料が異なる場合がある。
* iii 出金手数料無料回数はATM取引完了時点に確定するため，ATM出金取引開始時にアプリ上に表示する出金手数料と実際に引落す出金手数料が異なる場合がある。
* iv 更新可否・更新頻度は各金融機関により異なる場合がある。
* v 追加オプション（無料）申込みで利用可能。カバーには所定の審査がある。
* vi ショッピング保険（国内）については以下を参照。
https://www.minna-no-ginko.com/common/pdf/debitcard_shoppinginsurance.pdf

出所：みんなの銀行公開資料を基に筆者作成。

Promotion（プロモーション）にはスタートアップらしい特色がある。みんなの銀行は，これまで数々の賞を受賞（付属資料3）しており，パブリシティ効果を最大限に享受している。賞の分野を分けると，大きくはIT関連（FinTech FutureのBanking Tech Awards，Google Cloud カスタマーアワード金融サービス部門），デザイン関連（グッドデザイン賞，Red Dot Design Award），金融関連（Retail Banker International Asia Trailblazer Awards）になる。広告宣伝費を大きくかけられないスタートアップにとって，パブリシティ[8]は顧客認知を高めるだけでなく，優秀な人材を採用するうえでも大きな効果を持つ（戸谷 2020b）。特に，Red Dot Design Awardは国際的に権威のあるデザイン賞で，機能訴求が中心でお堅いイメージの銀行業界から初の受賞がでたことはメディアでも大きく取り上げられることとなった。

Process（プロセス）は，日本初のデジタルバンクとして期待を裏切らないものとなっている。ユーザーテストの繰り返しによって，口座開設や取引のプロセスは顧客ニーズに合致したものになっている。例えば，口座開設では，すべての手続きがスマートフォンで完結する。銀行店舗に行く必要はなく，24時間365日対応，かつ，郵送物も一切ない。既存銀行のインターネットバンキングは，インターネットを標榜しながら，営業時間制約があったり，書類が郵送されてきたりするものがほとんどである。他の取引も，印鑑不要やキャッシュカード不要など，顧客の手間を徹底的に削ぎ落としており，銀行側のコストを削減することにもつながっている（みんなの銀行 2023）。

Participants，People（参加者）には，従業員・顧客のほか，ステークホルダーも含まれる。みんなの銀行はデジタルネイティブ銀行を消費者向けに提供するだけでなく，事業者向けにBaaS（Banking as a Service）事業を展開して手数料収入を得ている。BaaSとは，銀行が提供している決済サービスなどをAPI（Application Programing Interface）(9)を通じて他の事業者が顧客に提供することをいう。消費者がECサイトで買い物をした時，事業者がBaaSを利用してサイト内に銀行機能を埋め込んでいれば，決済のためにカード会社や銀行などの他のサイトに飛ばされず，そのサイト内で決済が完結する。消費者は手間が省け，銀行は手数料を得られる。事業者は購入直前の顧客が決済の手間のために購入をやめてしまう機会損失を防ぐことができる。それ以外にも，人材派遣業では，勤怠システムや給与システムと連携させることで，日払いや前払いなどの柔軟な給与支払いが可能になる（戸谷 2023）。

Physical Evidence（有形化）は，銀行サービスのように無形性が高いサービスのコンセプトや品質を具現化する，目に見える形にする方法である。みんなの銀行の場合，ロゴやHPのイラスト，サービス名称，アプリのデザインなどにコンセプトが表現されている。例えば，「Cover（カバー）」は，いわゆる当座貸越である。買い物の決済などで口座に残高が足りない場合，最大５万円まで自動で立替可能である。カバーのイラストは，サメが後ろに迫ってきている海水浴客に浮き輪が投げられるというものだ（**図表②-3**）。お金を貸す，という銀行視点ではなく，困っている時の助け舟，という顧客目線のメッセージになっている。

図表②-3　「Cover（カバー）」のイラスト

出所：みんなの銀行公開資料。

（3）エコシステムと共創価値

iBankがすでに12の大手地銀を顧客に持つことは先述した。iBankにとって顧客である地銀はどこも若年層顧客の獲得に苦心している（戸谷 2017）。若年層をターゲットとした全国展開のデジタルネイティブ銀行は地理的な制約を受けない。みんなの銀行と各地銀の潜在若年層顧客の重複は現状限定的ではあるが，今後の成長によっては競合となり得る。永吉がiBankを銀行に拡張するのではなく，みんなの銀行を別途立ち上げた理由の1つに，既存顧客からの反発を避けようという意図があったかもしれない。

金融は経済の基盤であり，資金流通ネットワーク，言い換えればサービス・エコシステムとしての安全性や安定性が重視される。既存の日本の金融は，長く予定調和や前例主義の世界であった。過去に業界の基盤にチャレンジする金融ビジネスは立ち上がっているが，大半は大きなトレンドにならず消えていった。成長しているのは家計簿サービスなど，現システムを補完するビジネスであり，システムを根底から揺るがすようなサービスは生き残っていない。サービス・エコシステムの中でどのような役割を担当し，システム内のアクターにどのような共創価値（Toya 2015），あるいは便益をもたらすのか，そのビジョンを明確に示すことができるかどうかが本業界で成功する鍵となる（戸谷 2018, 2019; 三輪ら 2019）。その意味で，みんなの銀行は，地銀のほとんどが苦戦しているデジタルネイティブ層をターゲットとした新ビジネスの試金石である。他行は期待と懸念の両方を持ってみんなの銀行の動向を見守っている。

4　おわりに

本事例では，大手地銀を親会社に持ちながら，その文化やビジネスの否定となるチャレンジを成功させた「みんなの銀行」を取り上げた. 新市場を創造するための水面下の準備の周到さ，戦略とマーケティングのシナジー，それらを走らせながら拡大していく組織の体制を整備していくプロセスなどは，スタートアップの戦略・戦術を考える際に大いに役立つと考える。

Review & Discussion

① 同行のビジョンと企業文化の維持に，iBankが果たした役割を検討してみよう。

② 同行のマーケティング戦略7Pをターゲットセグメントそれぞれに対する効果とシナジーの視点で評価してみよう。

③ 強固な既存サービスエコシステムが存在する業界は他にもあるが，具体例を挙げて，どのような戦略が有効か考察してみよう。

[注]

(1) みんなの銀行企業サイト，https://www.minna-no-ginko.com

(2) iBank企業サイト，https://www.ibank.co.jp

(3) 金融庁「銀行免許一覧」。https://www.fsa.go.jp/menkyo/menkyoj/ginkou.pdf

(4) 銀行などの既存金融機関が提供してきたフルサービスを，個別の機能に分離して，提供するもの，しないものを選択すること。

(5) 市場（顧客）を細分化（セグメンテーション），その中の狙う市場（顧客）を決定（ターゲティング）し，ターゲット顧客からの自社の立ち位置の明確化（ポジショニング）を行う戦略分析のフレームワーク。セグメンテーション（Segmentation），ターゲティング（Targeting），ポジショニング（Positioning）の頭文字をとってSTPと呼ばれる。

(6) マーケティング・ミックスの4P（商品，価格，流通，販促）に，サービスビジネスで重要な要素となる参加者（Participants），プロセス（Process），有形化（Physical Evidence）の３つを加えた戦術分析フレームワーク。
(7) 「ことら」に加盟する金融機関で利用できる個人向け送金サービス。2020年８月に設立，メガバンク三行とりそな銀行が小口決済インフラ構想を公表，2021年７月に運営会社として「ことら」を設立。現在の株主は，みずほ銀行，三井住友銀行，三菱UFJ銀行，りそな銀行，埼玉りそな銀行。ことら送金では異なるアプリ間でも携帯電話番号やメールアドレスがわかれば送金可能である。
(8) プレスリリースなど，メディアに無料で記事として取り上げてもらう方法で，企業発信の広告と違い，より信頼度が高いと消費者が感じる利点がある。
(9) ソフトウェアやアプリケーションなどの一部を外部に向けて公開することにより，第三者が開発したソフトウェアと機能を共有できる接合部分（インターフェース）。

〈参考文献・資料〉

Booms, B.H. and M.J. Bitner (1982) "Marketing services by managing the environment," *Cornell Hotel and Restaurant Administration Quarterly*, Vol.23, No.1, pp.35-40.
Hofstede, G. (1983) "The Cultural Relativity of Organizational Practices and Theories," *Journal of International Business Studies*, Vol.14, pp.75-89.
Toya, K. (2015) "A model for measuring service co-created value," *MBS Review*, Vol.11, pp.29-38.
新井美江子（2022）「東京きらぼし傘下のUI銀行社長が明かすデジタルバンクの真の目的，『低効率体質から脱却』」ダイヤモンドオンライン（https://diamond.jp/articles/print/305399〔最終閲覧日：2023年９月22日〕）。
戸谷圭子（2017）「銀行離れ対策につなげる―バーチャル以上の価値提供」『金融ジャーナル』第58巻第11号，32-35頁。
戸谷圭子（2018）『カスタマーセントリックの銀行経営―価値共創版』金融財政事情研究会。
戸谷圭子（2019）『ゼロからわかる―金融マーケティング』金融財政事情研究会。
戸谷圭子（2020a）『iBank』日本ケースセンター（https://casecenter.jp/case/CCJB-OTR-18059-01.html）。
戸谷圭子（2020b）「銀行に求められる職場改革」『金融ジャーナル』３月号，10-15頁。
戸谷圭子（2021）「専門商社の役割とサービスエコシステムにおける制度に関する考察」『明治大学商學論叢』第103巻第４号，15-31頁。
戸谷圭子（2023）「北欧フィンテックの最新動向―スウェーデンのフィンテック注目企業」『週刊金融財政事情』９月５日号，52-53頁。
古澤知之（2022）「銀行の業務範囲規制の見直し等について」『金融法研究』第38号，5-30頁。
三輪純平，増田央，江川陽，戸谷圭子（2019）「フィンテックが社会・企業・生活者に与える影響」『サービソロジー』第６巻第２号，6-12頁。
みんなの銀行（2023）『イノベーションのジレンマからの脱出―日本初のデジタルバンク『みんなの銀行』誕生の軌跡に学ぶ』日経BP。

（戸谷 圭子）

【付属資料1】iBankマーケティング，みんなの銀行の沿革

（みんなの銀行 沿革）

2019年	8月	みんなの銀行設立準備株式会社を設立
2020年	12月	みんなの銀行に商号変更
	12月	銀行免許取得
2021年	5月	銀行サービス提供開始
	8月	「Red Dot Design Award 2021」で日本初の「Brand of the Year」受賞
	6月	ピクシブ株式会社との金融を活用した価値共創にかかる基本合意の締結
		パーソルテンプスタッフ株式会社との金融を活用した価値共創にかかる基本合意の締結
	9月	ピクシブ株式会社運営サービスの利用者向け「ピクシブ支店」提供開始
	10月	パーソルテンプスタッフ株式会社従業員向け「テンプスタッフ支店」提供開始
	10月	「Retail Banker International Asia Trailblazer Awards 2021」2部門でWinnerを受賞
	10月	Google Cloud カスタマーアワード 金融サービス部門を受賞（みんなの銀行の取組が評価されたことにより，FFGとして受賞）
	10月	「みんなの銀行スマートフォンアプリ」が2021年度グッドデザイン賞を受賞
	11月	Efma-Accenture Banking Innovation Awards 2021において金賞を受賞
	11月	Banking Tech Awards 2021において2部門で優秀賞を受賞
2022年	4月	世界三大デザイン賞のひとつ「iFデザインアワード2022」において2部門で受賞
	5月	みんなの銀行アプリ100万DL，40万口座開設突破
	6月	「D&AD Awards 2022」においてGraphite Pencil（銀賞）を受賞
	7月	アプリ内完結型ローンサービス提供開始
	8月	国庫金振込み取扱開始
	10月	ユナイテッド・スーパーマーケット・ホールディングス株式会社とのBaaS事業にかかる基本合意書締結
	10月	「Support DX Summit 2022」においてSupport DX Award 2022を受賞
	11月	株式会社マネーフォワードとの参照系API連携を開始
	11月	フルクラウド型銀行システムの外部提供開始
	11月	「2022 62nd ACC TOKYO CREATIVITY AWARDS」においてクリ

		エイティブイノベーション部門のシルバー賞を受賞
2023年	1月	イーデザイン損害保険株式会社とのBaaS事業にかかる基本合意書締結
	2月	新サービス「Links」提供開始
	4月	「ことら送金」取扱開始
	5月	三井住友海上プライマリー生命保険株式会社とのAPI連携を開始
	5月	みんなの銀行アプリ200万DL，67万口座開設突破
	6月	「日本DX大賞2023」BX（ビジネストランスフォーメーション）部門において大賞を受賞
		REVOLUT TECHNOLOGIES JAPAN株式会社とのBaaS事業にかかる基本合意書の締結
		大和コネクト証券株式会社との金融を活用した価値共創にかかる基本合意書の締結
	7月	ピクシブ株式会社との更新系API連携開始
		第1期みんなの銀行ユーザーアンバサダー開始
	8月	ユナイテッド・スーパーマーケット・ホールディングス株式会社とのAPI連携開始並びに「イグニカ支店」の開設
	10月	「FinovateFall 2023（世界最大規模のFintechカンファレンス）」において，唯一の日本企業として登壇
		イーデザイン損害保険株式会社との共創第1弾として「アンディー支店」の開設
		moomoo証券株式会社とのBaaS 事業にかかる基本合意書の締結

（iBank 沿革）

2013年	4月	FFG経営企画部門に「経営戦略グループ」を新設，事業構想に着手
2015年	8月	FFG営業企画部門の「事業開発グループ」に検討チームを移設
2016年	4月	FFG営業企画部門の「新事業推進ブループに拡充
	4月	iBankマーケティング株式会社　設立
		富士通との資本業務提携
	7月	「Wallet＋」提供開始
		福岡銀行が「Wallet＋」 開始
	9月	電通九州との資本業務提携
		損保ジャパン日本興亜ひまわり生命（現・SOMPOひまわり生命）との資本業務提携

2017年	3月	「Wallet+」10万ダウンロード突破
	7月	「Wallet+」かりる：ローン，ふやす：THEO+ 連携機能追加
	10月	親和銀行，熊本銀行が「Wallet+」 開始
	12月	「Wallet+」30万ダウンロード突破
2018年	3月	沖縄銀行が「Wallet+」 開始
		「Wallet+」THEO+とID連携，追加投資，ローン新規申込み等　機能追加
	7月	「Wallet+」50万ダウンロード突破
	10月	複数口座登録機能　開始
		ライフプラン診断サービス「ライフプランコーチ」 開始
		電子決済代行業者　登録
2019年	2月	「Wallet+」専用の貯蓄用預金残高100億円突破
	4月	広島銀行が「Wallet+」 開始
		ポイントサービス「mycoin」をブロックチェーンを活用して再構築，地域ポイントサービスとして本格稼働
	7月	株式会社ジェーシービーとの業務資本提携
	10月	山梨中央銀行が「Wallet+」 開始
	11月	クラウドファンディング「エンニチFUNDING」 開始
	12月	南都銀行が「Wallet+」 開始
		十六銀行が「Wallet+」 開始
		「Wallet+」ポイント投資機能追加
		「Wallet+」90万ダウンロード突破
2020年	1月	地域共創型オンラインストア「エンニチ」 開始
	3月	「Wallet+」100万ダウンロード突破
	10月	「Wallet+」グッドデザイン賞受賞
		「Wallet+」 専用の貯蓄用預金残高300億円突破
	12月	佐賀銀行が「Wallet+」 開始
2021年	3月	株式会社diffeasyの全株式取得による完全子会社化
	5月	「Wallet+」150万ダウンロード突破
	6月	「Wallet+」専用の貯蓄用預金残高400億円突破
2022年	2月	「Wallet+」専用の貯蓄用預金残高500億円突破
	6月	地場デザイン会社『株式会社ジーエー・タップ』の全株式取得による子会社化
	6月	八十二銀行が「Wallet+」 開始

	7月	Personetics Technologies Ltd.との業務提携
		「Wallet＋」200万ダウンロード突破
	10月	「Wallet＋」250万ダウンロード突破
2023年	3月	北日本銀行が「Wallet＋」 開始
	4月	阿波銀行が「Wallet＋」 開始
	4月	「Wallet＋」ことら税公金サービスに対応
	5月	「Wallet＋」250万ダウンロード突破

出所：みんなの銀行，iBank公開資料より筆者作成。

【付属資料2】みんなの銀行　財務データ

貸借対照表（百万円）

資産の部

	2021年3月期	2022年3月期	2023年3月期
現金預け金	2,872	7,140	4,705
コールローン	10,500	4,500	11,000
買入金銭債権		4	3
有価証券	1,185	3,069	2,932
貸出金		1,405	7,044
その他資産	1,247	2,642	5,562
有形固定資産	8	3	47
繰延税金資産	48	99	147
貸倒引当金		▲ 33	▲ 353
合計	15,861	18,861	31,090

負債の部

	2021年3月期	2022年3月期	2023年3月期
預金	3	5,848	22,771
その他の負債	126	944	688
株式給付引当金			1
合計	130	6,792	23,461

純資産の部

	2021年３月期	2022年３月期	2023年３月期
資本金	8,250	8,250	8,250
資本剰余金	8,250	8,250	8,250
利益剰余金	▲ 751	▲ 4,338	▲ 8,674
株主資本合計	15,748	12,161	7,825
その他（有価証券評価差額）合計	▲ 16	▲ 93	▲ 196
合計	15,731	12,068	7,628

損益計算書（百万円）

	2021年３月期	2022年３月期	2023年３月期
経常収益	2	143	688
資金運用収益	0	8	185
役務取引収益	-	132	474
その他業務収益	0	-	-
その他経常収益	1	1	27
経常費用	941	4,954	6,453
資金調達費用	1	0	34
役務取引等費用	0	212	552
その他業務費用	-	-	-
営業経費	881	4,560	5,480
その他経常費用	57	180	386
経常損失	938	4,810	5,765
税引前当期純損失	938	4,810	5,765
法人税等合計	▲ 234	▲ 1,224	▲ 1,429
当期純損失	704	3,586	4,336

出所：みんなの銀行公開資料より筆者作成。

【付属資料3】みんなの銀行受賞歴

年月		概要
2020年	3月	「Japan Financial Innovation Award 2020 大賞」受賞（受賞者はFFG）
2021年	8月	Red Dot Design Award 2021において ・「Financial Services Brand of the Year（最優秀賞）」受賞（日本企業初，金融機関世界初） ・Apps Category「Best of the Best（年間最高賞）」受賞 ・Brand Design & Identity Category「Red Dot Award」受賞
	10月	「2021年度グッドデザイン賞（アプリケーション部門）」受賞
	10月	「Google Cloud Costomer Awards（Financial Services部門）」受賞（受賞者はFFG）
	10月	Retail Banker International Asia Trailblazer Awards 2021において ・Best Digital Bank of Japan －Winner ・Best Core Banking System Initiative －Winner
	11月	「Efma-Accenture Banking Innovation Awards 2021　Neobanks & Specialized Players 部門　金賞」受賞（同部門では日本企業初）。
	11月	Banking Tech Awards 2021おいて ・Best Use of Cloud「Highly Commended（優秀賞）」受賞 ・Best Use of IT in Retail Banking「Highly Commended（優秀賞）」受賞
2022年	4月	iF Design Award 2022において ・「Apps/Software部門」受賞 ・「Product and Service Branding部門」受賞
	6月	FFGが「DX銘柄2022」に選定（地方銀行グループ初）
	6月	「D&AD Awards 2022ブランディング部門Graphite Pencil（銀賞）」受賞
	10月	「Support DX Summit　Support DX Award 2022」受賞
	11月	「2022 62nd ACC TOKYO CREATIVITY AWARDS　クリエイティブイノベーション部門シルバー賞」受賞
	12月	「エンジニアフレンドリーシティ福岡アワード2022（企業部門）」受賞
2023年	6月	FFGが「DX銘柄2023」に選定
	6月	「日本DX大賞2023 ビジネストランスフォーメーション部門 大賞」受賞

出所：みんなの銀行公開資料より筆者作成。

【付属資料4】みんなの銀行とネット銀行の手数料比較

		みんなの銀行	PayPay銀行	ソニー銀行	セブン銀行	楽天銀行	住信SBIネット銀行
ATM 入出金 手数料	入金	無料	3万円以上：無料 3万円未満：165円*1	無料	無料	3万円以上：無料 3万円未満：220円*1	110円*1
	出金	110円*1*2*3	同上	110円*1	110円	220円*1	110円*1
インター ネット振込 手数料	同行	無料	無料*2	無料	55円	無料	無料
	他行	200円*1*2*3	145円	110円*2	165円	145円*2	三井住友信託銀行口座宛：無料 その他金融機関口座宛：77円*1
提携ATM		セブン銀行	セブン銀行 イオン銀行 ローソン銀行 E-net 三井住友銀行 ゆうちょ銀行	セブン銀行 イオン銀行 ローソン銀行 E-net 三菱UFJ銀行 三井住友銀行 ゆうちょ銀行		セブン銀行 イオン銀行 PatSat ローソン銀行 E-net 三菱UFJ銀行 みずほ銀行 ゆうちょ銀行 View Altte（出金のみ）	セブン銀行 イオン銀行 ローソン銀行 E-net ゆうちょ銀行 View Altte（出金のみ）
備考		＊1 プレミアム会員25歳以下：月13回まで無料 ＊2 プレミアム会員25歳超：月10回まで無料 ＊3 無料会員25歳以下：月3回まで無料	＊1 ゆうちょ銀行は330円 ＊2 本人名義の口座宛の場合，特定条件下でPayPay銀行と三井住友銀行間の振込手数料無料	＊1 月4回まで無料 ＊2 月1回無料	＊17:00-19:00無料	＊1 セブン銀行，イオン銀行，PatSatは220円，それ以外は275円 ＊2 会員ステージに応じて最大3回/月無料	＊1 利用状況に応じて無料回数枠あり

出所：各社公開資料より筆者作成。

case 3

炎重工

大学発外部資源活用型起業

●本ケースのねらい●

本ケースは，大学発ベンチャー出身で，外部資源を活用しながら地域貢献を目指しスタートアップした，炎（ほむら）重工の社会課題解決思考と企業家育成プログラム活用の事例を考察する。炎重工は，大学発技術開発型・社会課題解決型企業で，所有技術を活かし企業家支援プログラムに積極的に参加した事例といえる。特に，創業経営者がスタートアップ時に，外部資源活用の視点や市場創出に関する目の付けどころの視点を持ちながら，いかにして経営を成長軌道にのせていくのかを中心に理解を深めたい。

炎重工の創業者は，大学院修了後も研究成果を直接活用すべく，師事した教員が設立した大学発ベンチャーに入社し，そのまま研究を継続する。その後もすぐに独立をせず，大企業勤務経験や官民主催の企業家支援プログラムを積極的に活用することで，不足している経営資源の補強を的確に図っている。そして，東日本大震災を契機に，ふるさとである東北への貢献を考え地元岩手で起業を志す。さらに，市場開拓，組織運営，財務管理，資金調達，マーケティング，ネットワーク作りなど，起業時に不足している経営資源を効率的かつ有効的に取得するために，大企業連携や官民主催のアクセラレータプログラム(1)に積極的に参加して成功の確率を高めていった。

「シーズ形」といわれる研究者や技術者に見られる「夢を形に」するスタートアップの事例として，その考え方や取組み姿勢には，参考となる切り口が満載である。

キーワード

外部資源活用，社会課題解決型，大学発ベンチャー，企業家育成制度，アクセラレータプログラム

〈会社概要〉

商　　　号：炎重工株式会社（ほむらじゅうこう）
代　　　表：古澤洋将（ふるさわ　ようすけ，代表取締役），岩手県出身
設　　　立：2016年2月25日（設立時資本金500万円）
資　本　金：1億7,920万円
売　上　高：1億5千万円
本社所在地：岩手県滝沢市穴口57－9
従 業 者 数：15名
事 業 内 容：制御技術を主とした製品・サービスの開発・販売

〈代表者・法人沿革〉

筑波大学大学院でロボットスーツ研究の山海嘉之教授に師事
2007年3月～2013年3月　大学院修了後CYBERDYNE株式会社入社勤務
2013年3月　東日本大震災を契機に岩手へ帰省独立
2014年4月～2016年2月　シャープ株式会社新規事業推進本部ロボティクス・エンジニアリング事業推進センター勤務
2016年2月　炎重工株式会社設立 代表取締役就任
2016年3月　株式会社三菱東京UFJ銀行CEO人材育成プログラムM-EIR第1期生採択
2016年3月～2018年1月　三菱UFJリサーチ&コンサルティング株式会社勤務

〈主な代表者開発経歴等〉

1998年　岩手大学主催デジタル・イーハトーヴ・グランプリ
1998年　画像処理による流体解析ソフトウェアGood Tool賞
2000年　セコム科学技術団体主催ロボットコンテスト電動車いすロボット賞
2002年　NHK主催大学ロボコンアイディア賞
2006年　筑波大学グループウェア研究室（葛岡英明教授）遠隔コミュニケーションロボットGestureMan-3.5開発
2008年　CYBERDYNE株式会社ロボットスーツHAL福祉用上市
2013年　CYBERDYNE株式会社ロボットスーツHAL医療用上市
2015年　シャープ株式会社屋内警備ロボット上市，業務用清掃ロボット上市
2016年　シャープ株式会社アシスト機能付き歩行車上市
2016年　総務省異能vations生体適用可能な「高信頼性組込OS」採択
2018年　総務省異能vations採択，経産省J－Startup選定

1 はじめに

炎重工は，2016年２月に，屋外環境を専門とした制御システム，ロボット技術の開発を軸にした事業を行うため，技術者である古澤洋将氏（ふるさわ　ようすけ［1982年生まれ］。以下，古澤氏）により岩手県滝沢市で設立された。特に屋外専用のロボット会社を設立するには，東京より地方が有利だと判断して，東日本大震災を契機に故郷岩手での起業を決意した。屋外に特化したロボット開発においては，当時他者より先行している状況だと認識していたことから，独立の思いを一層強くした古澤氏は，出身地の滝沢で会社の立ち上げを果たしたのである。

炎重工は，製品における性能の不安定さや故障が多くなりがちな屋外環境の変化などに対応するため，ハードもソフトも設計から製造までを自社で一貫して行っている。すべての工程を自社で管理することにより，顧客の環境に合わせた自動化，遠隔化の支援，情報セキュリティ対策を実現している。そして利用者の屋外作業におけるデジタル化・工業化を継続して進めている。

代表者の古澤氏は，三菱UFJフィナンシャル・グループ（以下，MUFG）の企業家育成プログラムに採択されながら，同時に2016年に会社を設立し，2018年に事業をスタートさせている。また，事業を本格的に始める前に，アクセラレータプログラムに参加し，経営者に必要な事柄を習得することを目指した。さらに，屋外専用のロボット会社というコンセプトの下，１年単位のプロジェクトを中心に受託業務を行い，資金作りをしながら遠隔モニタリング用水中カメラや産業用CPUボード，船舶ロボット「Marine Drone」などの自社製品開発につなげていった。現在は生体群制御を活用した養殖ビジネスを中心に取り組んでいる。

最近では，「制御技術」をコアとした自動化製品，サービスの開発・販売，水に関する作業の自動化，遠隔化サービス「Marine Drone」（純国産水上ドローン），遠隔モニタリング用水中カメラの開発，販売にも注力している（**図表③-1**）。

図表③-1　目的や用途に合わせたラインナップ

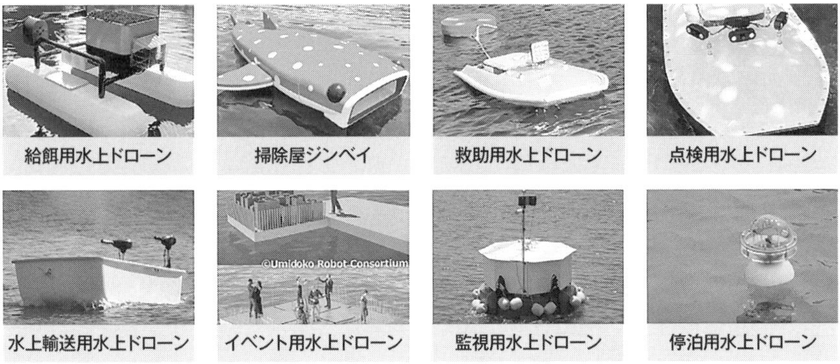

出所：炎重工提供資料。

2　創業者の少年時代から起業まで　－企業家精神の醸成－

（1）創業者の少年時代：技術との出会い・ロボット開発の道へ

創業社長の古澤氏は，技術者である。無人水上艇，生体群制御などを開発し，各産業の効率化を目指している。古澤氏は，1982年当時の滝沢村に兼業農家の長男として生まれた。幼少期より両親の影響を受け，好奇心旺盛で特に機械をいじることが大好きな子供であった。母親からエジソンの子供時代の話を聞いた影響から「何でもやっていいんだ」という世界観を持つようになったという。幼い子供であった古澤少年の心に，企業家精神の萌芽が認められた瞬間であったと言える。

また，父親が兼業農家であり，家の近くの東北農業試験場（以下，試験場）に勤務していたことがきっかけで，古澤氏は小さいころから試験場に出入りし，農作業や農機具の整備などを見て，もっと能率の上がる機械を自分の手で作ってみたいと思っていた。そして，これらのことが契機となり，その後ロボット開発の職を志した。

小学生時代からプログラミングやロボットに興味を持ち，父親のポケコンを使いBASICのプログラミングをはじめ，中学生からはパソコン通信やインターネットを利用し，ゲームなどを作っては雑誌に投稿していた。高校からは，ロボットに取り組み始め，岩手県立盛岡北高等学校時代にはロボコン[2]に出場し，遠隔操作による自動運転の車椅子ロボットを披露した。

小さいころから試験場や岩手大学の主催するソフトウェアコンテスト（デジタル・イーハトーヴ・グランプリ）や各ロボコンに出場し，大学進学後のNHK大学ロボコンではアイディア賞を受賞した。

（2）創業者の研究者時代：大学・大学院から社会人へ

古澤氏は，高校卒業後，筑波大学の工学システム学類に進学し，ロボット工学に関する基礎を学んだ。そして，そのまま大学院に進み，2007年筑波大学大学院システム情報工学研究科を修了した。後日古澤氏は，自分が学んできた分野に関して，「大学，大学院で学んだのは，脳・神経科学，行動科学，ロボット工学，情報技術（IT），人工知能，システム統合技術，生理学，心理学，哲学，法学，経営等，さまざまな学術領域を融合させたサイバニクスという包括的な学術分野です」と語っており，専門分野を納める際の考え方について言及している。大学院修了後は，学んできた包括的学術分野を踏まえながら，その先端技術を活用して，医療福祉器機・システム等の研究開発と製造販売を行う同大学発ベンチャーのCYBERDYNE（サイバーダイン）[3]に入社した。医療用ロボットの回路設計や組み込みソフトウェアなどを担当し，ISOやIECなどの各認証取得や製品の上市も経験した。当時の産学連携の中枢に身を置いた期間であったといえる。

古澤氏は，同社がサイバニクスの技術により開発したロボットスーツ「HAL」シリーズの中で，特に「HAL福祉用下肢タイプ」と「HAL医療用下肢タイプ」に携わった。それらは，下肢に障害を持ち，脚力が弱くなった人がロボットスーツを下肢に着用し，体を動かそうとしたときに発生する微弱な「生体電位信号」を検出することで意志に従った動作（歩行支援）を実現するものである。また，それを繰り返すことで脳とのつながりが強化され，機能改善，機能再生が促進される。現在では，欧州など海外で医療機器の製造販売承認を取得し，今後の広がりが期待されており，古澤氏のロボット開発における大きな自信となっていった。

3　企業勤務時代と起業－社会課題解決思考－

（1）ベンチャー企業勤務と経営者マインドの醸成

古澤氏は，大学院を修了してから法人設立までの間にいくつかの企業で勤務の経験をした。まず，大学院修了後2007年３月から2013年３月まで，筑波大学発ベンチャーのCYBERDYNEに研究開発主任として勤務した。

電装系責任者として，ロボットスーツの社内試作機や身障者が装着するロボットスーツHAL福祉用のプロトタイプの電装系の研究開発を行った。また，製品化に向けて，システムアーキテクチャの見直しや，部品点数の削減を主眼とした試作機の設計を担当した。続けてロボットスーツHAL福祉用，ロボットスーツHAL医療用の製品開発も行った。社内試作機から小型化を軸にした各種部品の再設計（改良）と量産用文書類の作成を行い，バッテリや充電器など，周辺機器の整備も行った。ちなみに開発した製品はサービスロボット（生活支援ロボット）の安全規格であるISO13482/DISを取得できた。さらに，ロボットスーツHAL「医療用」，ロボットスーツHAL「福祉用」をベースに改良を重ね，認証取得に向けて再試作と試験を繰り返した。結果として製品IEC60601等，バッテリIEC62133等，工場ISO13485等，欧州医療機器向けの認証を取得できた。

古澤氏は，この経験がその後の起業につながり，創業者としての考え方に大きな影響を与えたと言っている。特に，指導教授でもあった代表者の山海氏からの技術開発に関する教えは，炎重工にも引き継がれている。また，この間古澤氏は，筑波大学客員研究員も兼務している。

（2）大企業の限界と起業への道程

古澤氏は，独立後将来法人を設立することを見据え，大学発ベンチャー企業のみでの経験に限界を感じ，大企業で働くことを決め実行していく。2014年４月から2016年２月までシャープで新規事業推進本部ロボティクス・エンジニアリング事業推進センター企画部主事となり，ロボティクス事業に関する経営企画および商品企画を担当した。また，これらロボット製品の設計レビュー・品質監査およびISO関連業務を行った。担当した案件のうち，いくつかの製品は上市された。

炎重工は，古澤氏が地元岩手に戻って独立してから３年目の2016年２月に，新しい科学技術で地域の明日を切り拓くことを目指して設立された。きっかけは，2011年の東日本大震災の際に，岩手県山田町で漁師をしていた伯父の家が津波で流された場所を見たことによる。地元に是非貢献したいとの思いが生まれ，岩手県滝沢市へUターンをし，起業したのである。

事業内容は，衛星利用測位システム（GPS）の位置情報を利用した海や池など水上での自動給餌作業や威嚇音による害鳥害獣対策，カメラでの巡回警備等を行う「船舶ロボット（マリンドローン）」の開発と，電気刺激を避ける魚の習性を利用し，水中に微弱な電流を流す電極を設置することで魚を誘導する「生体群制御」の開発などが主なものである。将来は，２つの技術を組み合わせ植物工場のような工業化漁業（ロボット養殖）の実現を目指している。さらにその先には，水中，水上の２つの技術を組み合わせることによる水産養殖の完全自動化を目指している。

会社の名前は，盛岡市在住の作家高橋克彦氏原作のNHK大河ドラマ「炎たつ」にちなんで，当時京都に次いで繁栄していたといわれる奥州藤原氏の築いた平泉のように，東日本大震災後の故郷が大きく発展することを願い命名した。

特に震災当時，岩手県沿岸部で漁師をしていた伯父が住んでいた被災地のひどい状況を見た古澤氏は，「この状況をどうにかしなければいけない」と決意したという。伯父が以前からよく話していた漁業の面倒さ，苦労話を思い出し，「被災した漁師たちの力になりたい」という思いで着手したのが，主力事業となっている「船舶ロボット」と「生体群制御」の開発であった。

実際には，当時手掛けていた開発があり佳境に入るタイミングだったため，それらが落ち着いたところで勤務先のシャープを退社することとなった。そして，退社後の2015年に個人向けの技術開発を支援する総務省の「異能vation」に採択されたことを機に本格的な研究開発に着手し，事業化の目途も立ってきたことから，2016年にベンチャー企業として法人を設立したのである。

「異能vation」プログラムは「既存の常識にとらわれずに独創的な『変わった事を考え，実行する人（通称「へんな人」)』の『なにもないゼロのところから，イチを生む』人を支援する」というもので，2015年には古澤氏を含め14名が選ばれている。当時は船舶ロボットを作る企業は皆無で，ニッチな分野であったが，実際には需要があり着実に実績を重ねていくことになる。炎重工は，その後，経済産業省の官民によるスタートアップ支援プログラム「J-Startup」にも選定された。

（3）起業と企業家精神の発揮

古澤氏は，大学院時代からベンチャー企業に在籍していたが，大企業での経験や起業に関わる経営の知識が不足しているという課題を認識しながら，起業を前提とした準備をしていった。実際，法人を設立する前に一度大企業に入社し，経営の本質的視点である組織に求められることや，反対に大企業ではできないことなどを学んだという。特に大企業では屋外ロボット製造には取り組まないことを実感し，ベンチャー企業の参入領域として勝算があることを確信したという。またその後，企業家育成プログラムに応募し，会社の本格稼働までの2年間で経営者になるための準備を進め，着実に経験を積んでいった。

起業に際しては，「屋外専用のロボット会社」にするという基本方針を固めた。しかし，現実的に地方での起業は東京と比べて不利な面も多く，当初は会社を継続させるための定期的な収入を得る必要があった。そこで，空飛ぶドローン，工場向けなどの陸上ロボットの分野は自社より先行する競合が多いことを踏まえ，まずは1年単位の屋外の開発案件を受託していった。その結果，地方ならではのニーズに焦点を絞り込み，船にニーズがあると判断し，先行者利益を取ることを狙っていくこととした。

古澤氏は，特に大企業によるロボット開発の現場を経験したことにより，起業から事業継続，発展に向けたノウハウを得ることができたと語っている。また，警備の用途などの需要が高まっていることを知り，他社に先駆けて都市型自動運転船の開発にも関わるようになった。さらに，最終的にやりたいことにたどり着くために，まず受託開発に取り組み，収入を確保しながら実績を重ねた。結局，その取組みが「難しいものこそ炎重工へ」という顧客との共通認識を作り上げることに大きく貢献することとなった。

4　企業家育成プログラムの活用とメガベンチャーへの萌芽

（1）アクセラレータプログラムとの出会い

古澤氏には，計画があるようでないことも多い。詳細に計画するかと思えば，大枠で進めて結果を楽しむところもある。自然豊かな環境でのびのびと自由に育った賜といえるかもしれない。ストレス耐性も強く，自ら「ピンチがくると，何とかしようと考えることのほうが先にきて，むしろ楽しい感じになるんです」と語っている。起業した際の基本姿勢は，恩師である筑波大学の山海教授の教えに従い，自社開発にこだわることである。さまざまな外部リソースを積極的に活用する思考の古澤氏であるが，開発に関しては，オープンリソースの活用やオープンイノベーションに対して，どちらかというと積極的ではなく，むしろ否定的のようである。

しかし，古澤氏は足りない部分を常に意識し，アンテナを張っている。好奇心があり物怖じをしない。一方で，謙虚であり慎重さも忘れない。時には矛盾するような項目を見事に融合させていく能力に長けていると言える。そして，その能力は起業時にも発揮されることとなる。そんな朴訥で生真面目な古澤氏であるが，自身の不足している点を補うことになると，一転して積極的になる。実際，会社設立と同時に２年間の企業家支援プログラムに参加する。技術には優位性や自信があるが，経営についてはまったく知見がないということを明確に捉えていた。そして，それらを短期間に習得するにはどうするべきかを考えていた。そこには，経営者としての強かさすら垣間見える。そんな時，偶然インターネットの広告で見つけたのがMUFGのアクセラレータプログラム（M-EIR）であった。

アクセラレータプログラムとは，一般的に短期間で新たな事業の事業化スピードを加速させることを目的としており，特にスタートアップ企業の成長を加速させるためのプログラムである。必要な要素として「デモデイ」「メンタリング」「提供リソース」の３つが挙げられている。「デモデイ」とは，プログラムの最後に事業案を発表する場を設けることを指し，「メンタリング」とは，ビジネスプランを策定していくうえでの参加者の意見交換相手となることであり，「提供リソース」とは，期間中に必要なハード面やソフト面の事業を加速化させるために必要な要素である。特に，スタートアップ時の創業経営者は，経営知識が部分的であるか体系化されていない場合が多く，体系的な知識の最低限を構築することが求められる。また，学ぶ方法としては単なる座学だけでなく，より双方向で話ができアドバイスがもらえるような場も重要となる。さらに，参加企業が専門知識の取得だけでなく，ネットワークを構築し，モチベーションを高めることも重要である。その点で，MUFGの制度やネットワークやリソースは，古澤氏にとって十分魅力的であったといえる。

（2）M-EIRプログラムへの参加：産業創出の主体へ

古澤氏は，2015年に総務省「異能vation」に採択されたことにより，研究費を獲得できた。そして，開発が本格化していくと，日本国内での知名度も上がっていった。ここで特筆すべきなのが，ほぼ同時期に三菱東京UFJ銀行（以下，BTMU）および三菱UFJリサーチ&コンサルティング（以下，MURC）によるCEO人材育成プログラム「M-EIR」に応募していたことである。その結果は，事業内容案，人物，将来性が評価され，高倍率の中，第１期採用者２名の中の１名に選ばれた。そして，平成28年３月から平成30年１月まで，MURCに有期雇用契約社員として勤務することとなった。

「M-EIR」とは，BTMUとMURCによる，CEO人材育成プログラム「M-EIR（MUFG Entrepreneurship in Residence）」のことである。M-EIRは，国内の先端技術シーズを基に，グローバルな次世代産業をリードする人材を支援することを目的としたプログラムである。選考された人材は，MURCで２年間有期雇用され，BTMUとMURCでのベンチャー支援業務への従事などを通じて，CEOに必要な経験や，先端の技術シーズ，グローバルマーケティングの知見をより深めることになる。特に，経営についての基本的知識と理論に裏付けられた行動を実践の場で展開し，現場を通じて学んでいくところに大きな特徴がある。

M-EIRもアクセラレータプログラムの１つと言えるが，他との相違点や特徴的な点がある。まず，育成期間が長く２年間の直接雇用となる。また，内容も多くのネットワークの提供や，経営学の理論と実践の融合を意識した専門家による教育の提供などである。特に経営の現場を訪問し，実際に実績のある経営者に薫陶を受ける機会はスタートアップ経営者にとっては大変貴重なものとなる。

金融グループならではの「主体者と支援者」，「理論と実践」，「際（大中小・学祭・業際等）」を意識した視点からの内容提供（実践的インプットとアウトプット）となっており，文字どおり企業家育成，CEO育成プログラムとなっている点が強調されている。いわば，点や線より面を重視する内容であり，経営者の姿勢として重要な項目となる，「覚悟」以外の「全体観」と「長期志向」という育成可能な点に対して大きく貢献する。主なプログラムの内容（第1期募集時）は，**図表③-2**のとおりである。

図表③-2　M-EIRプログラム概要（予定）

フェーズ	ステップ	所属	期間	具体的な活動内容
1	基礎体力	MURC	3ヵ月	・MURC内でベンチャー支援業務（事業計画策定支援，中小コンサルなど）に従事 ・新日本監査法人主催の研修へ参加
2	起業家精神	MURC	2ヵ月	・Draper University（シリコンバレー）へ派遣
3	経験蓄積	BTMU	12ヵ月	・BTMUへ出向，産業デザインオフィスで勤務
4	グローバル事業化	MURC	7ヵ月	・MURC内でベンチャー支援業務に従事しつつ，自らの起業のチームアップと事業計画策定 ・グローバルマーケティングニーズのある場合は，シリコンバレーへ派遣

出所：MUFG HP「【プレスリリース】CEO人材育成プログラム『M-EIR』の開設」。

（3）アクセラレータプログラムの効果

多くのアクセラレータプログラムにはそれぞれ特徴があるが，M-EIRは数少ないコンセプトとプログラムとなっている。古澤氏は，その趣旨に共鳴し応募したといっている。産業を創出する，イノベーションを起こす，社会・地域に貢献するという両者の思惑が一致したといえる。もちろん，それぞれの起業家や支援プログラムには強み，弱みがあり，限界もあり状況は違ってくる。古澤氏の場合は，事業コンセプト，事業内容が明確になっていた中，会社設立後の経営者として足りないものを補うという，いわばオープンリソース・オープンイノベーションの考え方をもっていたことが契機となった。

そもそも各企業の置かれている環境は，ステージごとに変わるものであるが，古澤氏は経営者としての適正や不足している点を客観的に把握していたのである。特に経営者にとっては，あくまで個別の戦略より全体観と長時間軸思考が重要な要素であることを，起業までの間の開発経験や大企業での勤務経験で目利きできていたと言える。古澤氏は，M-EIRの魅力とは「普通のベンチャーが立ち上げるまで3年かかるところを半年くらいでできた」，「修了後も継続される支援体制がある」，「人もお金も時間もかかる，人もたくさん集めなければいけない重量級のベンチャーも支援してもらえる」，「ハードサイエンスに向いている」など企業家にとって何が大切かを追求されているプログラムとなっていると語っている。

なかでも，「急速にネットワークが広がったこと」，特に「普通のベンチャーが立ち上げるのに3年かかるところを半年くらいでできた」ことが重要な成果だったと考えている。

（4）メガベンチャーへの道

古澤氏は実家が農家であり，伯父が漁師であったため，食料生産の自動化を常に考えてきたという。そして，今後の少子高齢化が進行することによって生じる労働力の減少に対応していくことなどを事業機会と考えている。

生体群制御は，水中生物を制御する主な技術である。水に特殊な電気を流すことで水中生物に「触られた」と錯覚（電気触覚）させ，そのときに起こる逃避行動を利用して，水中生物を任意の場所に集めることができる。非接触，非侵襲で水中生物の誘導制御が可能となり，水揚げの省力化や魚の安定供給が実現されることにつながる。水産業では，養殖・水揚げ双方の完全自動化を最終目標としている。陸上養殖に加え，将来は海面での活用も目指している。

対象の生体群は魚だけとは限らず，養殖魚を捕食する鳥類や，害獣や昆虫駆逐をも視野に入れている。古澤氏は，生体群制御を用いた海面養殖では，湾内全体を養殖場にすることを考えている。特に「海が畑になる」と表現している点が興味深い。自然増加分だけを自動水揚げするシステムを構築し，自然環境下で給餌をせずに育った分のみ必要量だけを水揚げすることで幼魚を収穫せずに環境負荷を抑え，コスト削減が達成できると考えている。また，「海は水溶液だと思っている」と発言しており，タンパク質の自動製造化が最終目標と考えている。さらに，さまざまな環境にも対応する，内燃機関を用いた産業用ロボットも開発している。

（5）多様な社会解決型製品群

古澤氏は，会社設立の2016年に自律移動船舶ロボット「Marine Drone」の独自開発に着手し，2018年に製品化を果たした。現在は，養殖場の自動給餌，密漁対策などの目的によって現場で活用されている。「Marine Drone」は，船外機付き小型ボートと，独自のGPSを使った制御コントローラを組み合わせた船舶ロボットである。自律移動が可能で，障害物を感知した場合は停止し，さらに長距離での遠隔操作が可能となっている。またリモートワークを可能にし，搭載カメラによる監視作業を行い，給餌のニーズにも対応している。特にエビの養殖では，夜間に給餌が可能となるため給餌効率の大幅な向上に貢献している。

この「Marine Drone」は，「CEATEC AWARD 2021」においてスタートアップ&ユニバーシティ部門準グランプリを受賞した。炎重工は，現在無人水上艇（USV）に注力している。2022年４月には，小型給餌器を搭載した給餌用ロボットが発売された。全長約1m，重さ約6kgの小型のモデルで，水中生物対策を考慮し，水上部のプロペラ推進器方式となっている。その他，海洋ゴミ回収や深夜時間帯，危険な場所での使用や災害時の避難路としての使用なども可能となっている。また，3m四方の床（船）型自動運転船「海床ロボット」などを研究開発中である。

5　おわりに－今後の課題認識と思い－

古澤氏は，社長業の傍ら出身大学院の博士後期課程に在籍し博士論文に取り組んでいる。古澤氏は，研究機関誌の中で，「私が科学技術の研究を行うなかで感じていることの１つに，現在はITの活用などにより便利になっている分，表面的なことだけ覚えて本質的なことや原理原則を忘れているのではないかという疑問があります。本質的なことを知らないと，新しい技術は生まれません。

また，別の側面として，技術分野の細分化があります。化学は，すべて基本的なところでつながっているので，１つの細分化された分野だけ極めても，新しい技術は生まれません。当社の「生体群制御」も，高校等で学ぶ基礎的な数学や物理，化学をはじめ，機械・材料・電気電子・制御・ソフトウェア工学，そして生物や医学（生体医工学）等の様々な分野を組み合わせた技術です。ですから，研究開発には本質的なことを学び，多面的に捉えることが欠かせません。」と語っている（古澤 2019，29頁）。

また，ロスト・テクノロジーといわれる点にもふれている。例えば職人の技術が新たな技術の発達で不要となり忘れ去られてきている現象などを取り上げ，もったいないことだと指摘している。そのような技術は，東京などの都会にはあまり残っておらず，地方にこそ残っているという。そして，昔の技術を現代の技術で見つめ直すことで，新しい技術が生まれる。まさに炎重工の「生体群制御」という考えや技術も昔からの漁網を見つめることで生まれたのだ。

さらに，古澤氏は，「これからも地域のベンチャー企業として，地域の多くの現場に出向き，肌感覚で本質を見つめ，多面的に考察し，新しい技術で地域を切り拓いていきたいと思っております」と語っている（古澤 2019，29頁）。

古澤氏は，新しいことに挑戦するスタートアップ企業にとって大切なこととして，新しいことでも「常に本質に迫り」，「地域に根付く技術を活かす」ことで貢献していくことであると締めくくっている。

Review & Discussion

① スタートアップ支援とはどのようなことか考察してみよう。

② スタートアップに関する経営者の環境について，企業家精神の育成の点から考察してみよう。

③ 経営者の役割としての市場を創出する視点について，オープンリソースとの関連から考察してみよう。

[注]

(1) アクセラレータプログラムとは，概ね３ヵ月程度の期間に，同時期に採用したスタートアップ企業群に教育コンテンツなどを提供するプログラムである。
(2) ロボットコンテストのことである。1991年から始まった「NHK大学ロボコン」が知られている。
(3) 医療福祉機器および医療福祉システムの研究・開発・製造・販売業を事業内容とする。資本金165億11百万円，売上高126百万円（2016）年，従業員数160名，東証グロース上場企業である。

〈参考文献・資料〉

内田大輔・芦澤美智子・軽部大（2022）「アクセラレーターによるスタートアップの育成」『日本経営学会誌』第50号，59-72頁。
経済産業省中小企業庁ミラサポplus HP，https://jirei-navi.mirasapo-plus.go.jp（最終閲覧日：2023年11月９日）。
古澤洋将（2019）「新しい科学技術で21世紀の地域を切り拓く」『岩手経済研究』（岩手経済研究所）４月号，28-29頁。
古澤洋将社長インタビュー
・第１回：22年７月15日18時～20時（対面）
・第２回：22年８月22日11時～13時（対面）
・第３回：23年９月20日21時～22時（Zoom）
・第４回：23年11月９日19時～21時（Zoom）
三菱UFJリサーチ&コンサルティング（2018）『よくわかるオープンイノベーション アクセラレータ入門』日科技連出版社。
三菱UFJ銀行 Facebook，https://www.facebook.com/bk.mufg.jp/videos/ceo（最終閲覧日：2023年11月９日）。

（安達 幸裕）

case 4

マネーフォワード

スタートアップのパブリック・アフェアーズ

●本ケースのねらい●

スタートアップには，破壊的イノベーションの要素が必要だと言われて久しい。実際，過去数十年，多くのテクノロジー・スタートアップは，新しい付加価値を提示してユーザーの支持を得，既存商品を駆逐して業界構造を変えるようなイノベーションを起こしてきた。しかし，Fintechと呼ばれる金融サービスに関わるテクノロジー業者を取り巻く環境は，やや異なる。金融業界には厳しい規制が課されているからである。これは，金融業界においては金融危機時に見られるように，１つの間違いが，金融システム全体を機能不全に追いやることさえあるためである。

もっとも，そのような金融業界においても技術革新は不可避で，既存のプレーヤーを律する規制が，スタートアップの新しい付加価値やサービスの提供の妨げになることも少なくない。つまり技術革新だけでなく，社会の仕組みもアップデートしなければ，その技術を社会実装できないのである。

こうした業界においては，ルール形成型の市場創出が求められる。スタートアップは，解決したい社会的課題を掲げるだけでなく，その解決を可能にするルール形成にも関わることで，新たな市場を創出するのである。ただしそのためには，スタートアップといえども，ライバルや政府等とも協調しながら，ルール形成に携わっていかなければならない。そのための重要な手段の１つとして，パブリック・アフェアーズ活動がある。

本ケースは，わが国のFintech企業の先駆けとして，PFM（パーソナル・ファイナンシャル・マネジメント，個人の資産管理の自動化・分析）ツールを提供するマネーフォワードが，創業早期から行ってきたパブリック・アフェアーズ活動に注目し，その意義と役割について考察する。

キーワード

マネーフォワード，ルール形成型市場創出，パブリック・アフェアーズ，フィンテック（Fintech），PFM，API，SaaS

〈**会社概要**〉

商　　号：株式会社マネーフォワード
代　　表：辻庸介（代表取締役社長CEO）
設　　立：2012年５月18日
資 本 金：2023年11月期267.1億円
売 上 高：2023年11月期303.8億円
純 資 産：2023年11月期346.6億円
本社所在地：東京都港区芝浦3-1-21 msb Tamachi 田町ステーションタワーS 21F
事業内容：PFMサービスおよびクラウドサービスの開発・提供
従業員数：2023年11月期2,148名
ユーザー数：個人1,530万，課金事業者30万以上（2023年11月期）

〈**沿革**〉

2012年　株式会社マネーブック設立，同名の初代プロダクトをリリース。その後，株式会社マネーフォワードに商号変更，マネーフォワード MEをリリース
2013年　テレビ東京「WBS（ワールドビジネスサテライト）」で取り上げられる。ジャフコから５億円の出資を受ける。マネーフォワード クラウド会計・確定申告をリリース
2015年　Fintech研究所設立。金融機関向けサービス開始
2016年　住信SBIネット銀行の提供するAPIとの公式連携を開始（日本初）
2017年　国内初のFintech企業として，東京証券取引所マザーズ市場へ上場。子会社マネーフォワードケッサイを設立，同名のサービスを開始
2018年　初海外法人Money Forward Vietnam設立
2019年　SaaS（Software as a Service）マーケティング・プラット・フォームを提供するスマートキャンプをグループ会社化
2020年　アントレプレナーファンドHIRAC FUNDの運用を開始
2021年　Chief of Public Affairs（CoPA）を設ける。東京証券取引所市場第一部へ市場変更
2022年　市場区分の見直しに伴い，東京証券取引所 プライム市場へ移行

1 はじめに

（1）市場創出型イノベーション

わが国では，新しい資本主義の実現に向けた取組みの１つとして，イノベーションの推進と，その担い手であるスタートアップの徹底支援が挙げられている。これらスタートアップは一般に，破壊的イノベーションをもたらすことが期待されている。技術改良により，より高性能の製品を提供する持続的なイノベーションでは，大手に敵わない可能性が高いからである。しかし，新しい価値基準で優れた特徴を持つ製品を開発し，大手が重い腰を上げるまでの間にある程度のシェアを獲得できれば，既存商品を駆逐して業界構造を変える，不連続なイノベーションを起こすことができるかもしれない。その中でも，最も成長が見込めるのは，新たな顧客のために新たな市場を作る，市場創出型のイノベーションである。

ところがこれまでのところ，わが国は米国に比して，市場創出型のイノベーションがあまり得意ではない。**図表④-1**を見ると，新規市場への投入額が売上に占める比率は，米国が11.9%であるのに対し，日本はわずか6.6%である（オウルズコンサルティンググループ 2022，3頁）。しかも，過去に存在していなかった新市場の割合は米国の6.1%に対して，日本は0.7%にすぎない。2009年以降の売上・純利益推移をみると，前者は1.1倍であるのに対し，後者は4.9倍となっている。これは，売上が伸びない中，コスト削減やシェア争奪型の競争を繰り広げ，利益を捻出してきたことにほかならない。

（2）ルール形成型市場創出

市場創出の手法はいくつかあるが，本章で注目するのは，ルール形成型市場創出である。これは，社会課題解決活動とこれを可能にするルール形成を組み合わせることで，新たな市場を創出することを指す。経済産業省によれば，ルール形成型市場創出に積極的に取り組んだ企業の方が，2009年からの10年間の年平均成長率が４%と高かったのに対し，この間の日本企業の平均はわずか0.8%であったからである（経済産業省 2022，11頁）。と言っても，ルール形成

図表④-1　問題設定：日本企業は市場を創り出せていない

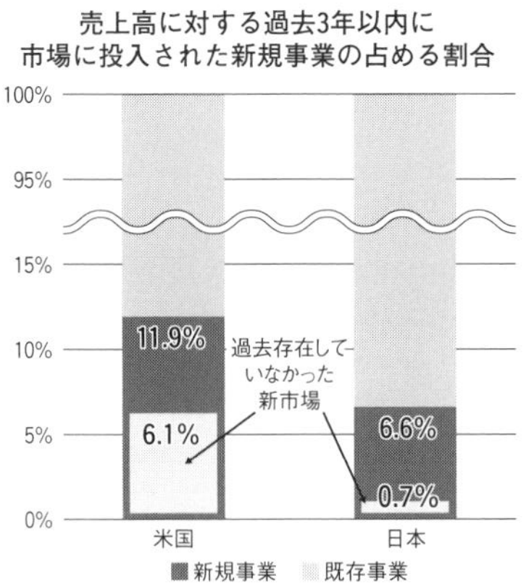

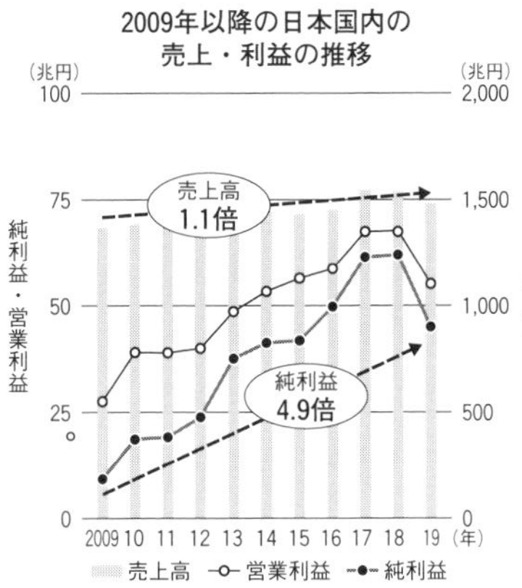

注：オウルズコンサルティンググループ（2022）3頁に記載の各図表の出所は次の通り。
（左）デロイトトーマツコンサルティング株式会社（2013）「日本企業のイノベーション実態調査」（https://www2.deloitte.com/jp/ja/pages/strategy/articles/cbs/innovation-research.html）より経済産業省が作成。なお，直近事業年度の連結売上高で計算。
（右）財務省法人企業統計年報をもとに株式会社オウルズコンサルティンググループが作成。なお，統計データの対象は，金融保険業を除く全産業。
出所：オウルズコンサルティンググループ（2022）3頁。

に携わることができるスタートアップ企業は，現在ではまだごく一部に限られる。日本の場合，ルールは守るものと考えられがちで，ルールは作るもの，変えるもの，という発想はこれまでなかったからである。

しかしその一方で近年は，既存勢力と敵対してでもユーザーの支持さえ得られれば，いつかは勝者総取りとなるとも限らなくなっている。馬田（2022，18頁）によれば，技術改善だけではテクノロジーを実装できなくなりつつあり，業界構造を変えるまでには至らないからである。技術に合わせた社会の仕組みの変化，すなわち補完的イノベーションも必要になっているのである。これはスタートアップでさえも，時として周辺業務などの整備が必要になるため，顧客のみならず，既存の業者や当局なども巻き込みながら，変化を起こしていかなければならないことを意味する。そして，従来型の業者を前提とした業法がある場合，こうした新規ビジネスや新しい社会の仕組みに適していない可能性もあるため，これをアップデートするために，ルール形成による市場創出も視野に入れる必要がある。マネーフォワードは，馬田（2021，117-120頁，249-253頁）からも，ルール形成による市場創出型イノベーションの嚆矢として，高く評価されている。

2 マネーフォワードの軌跡

（1）ミッション・ビジョン・バリューズ・カルチャー

マネーフォワードは2012年５月に，現代表取締役社長CEO（Chief Executive Officer）の辻庸介氏や，現グループ執行役員CoPA（Chief of Public Affairs）・Fintech研究所長の瀧俊雄氏等８名で創業したFintech（フィンテック）企業である。詳細は後述するが，Fintechとは，金融（Finance）とテクノロジー（Technology）を組み合わせた造語である。日本をもっと元気にするための施策として，お金に対する悩みや不安を軽減すれば，日々の暮らしの改善や夢が実現すると考えたのが創業動機であるという（辻 2021，3-227頁）。

同社のミッションである「お金を前へ。人生をもっと前へ。」には，「お金と前向きに向き合い，可能性を広げることができる」サービスを提供することにより，ユーザーの人生を飛躍的に豊かにすることで，よりよい社会創りに貢献するという想いが込められている。また「すべての人の，『お金のプラットフォーム』になる。」というビジョンには，オープンかつ公正な「お金のプラットフォーム」を構築すること，本質的なサービスを提供することで，個人や法人すべての人のお金の課題を解決するという未来像が内包されている。同社の行動指針であるバリューズは，ユーザー・フォーカス，テクノロジー＆デザイン，フェアネスの３つである。そして同社の全員が大切にするカルチャーとしては，スピード，プロフェッショナル，チームワーク，リスペクト，エボリューション，ファンが挙げられている。なお最後のファンには，仕事，成長，人生を楽しもうという想いが込められている。

（2）マネーフォワードの事業概要

創業来わずか10年で，従業員2,000名を抱え，東京証券取引所プライム市場で取引されるほどに急成長した同社ではあるが，その道のりは決して平坦ではなかった。

お金版フェイスブックとも言える初代プロダクト「マネーブック」は数週間でクローズした。同社の回顧によれば，これは，世の中が抱えている課題を解決するようなプロダクトではなかったとのことである。しかしこの経験が，「お金の不安を軽減することで，ユーザーがやりたいことにチャレンジできたり，人生を前向きになることを支えたい」という想いにつながったという。

そこから，自分のお金の情報を一元管理して正しく把握できる，家計・資産管理に特化したPFMサービス「マネーフォワード ME」が生まれた。これは言わば進化した自動家計簿で，後述のアグリゲーションという高度な技術を用い，複数の金融機関の口座情報をまとめて1つの画面で見ることができる。つまりユーザーはデータを入力する煩わしさから解放され，お金の見える化による不安軽減が達成されたのである。

しかし，マネーフォワード MEも当初はユーザー数が伸び悩んでいた。そこで初代カスタマー・サービス，マーケティング，広報業務も担当していた瀧氏がその傍らで，新聞やテレビなどのメディアへのアプローチを続ける地道な広報活動を続けていた。同社は，現在も広報やパブリック・アフェアーズを大切にしている原点は，この時の経験にあるのかもしれないと述べている。そして2013年，遂にテレビ東京「WBS（ワールドビジネスサテライト）」で取り上げられたことを契機として，ユーザーが一気に数万人に増えた。またその後，大手ベンチャー・キャピタル・ファンドのジャフコから5億円の出資を受けることとなった。さらにPFMサービスと親和性の高い「確定申告」サービスを求めるユーザーの声を受け，法人向けの「マネーフォワード クラウド会計・確定申告」をリリースした。これが，現在の，経理財務・人事労務・法務等のバックオフィス業務を効率化するSaaS型プラットフォームサービス『マネーフォワード クラウド』につながっている。

2015年，Fintech に関する情報を整理して提供するとともに，企業と金融機関や官公庁，専門家との実務的な接点を拡げる取組みを進めるべく，Fintech研究所を設立した。研究所長には，野村資本市場研究所で，金融制度やビジネス・モデルの調査・研究業務に従事してきた瀧氏が就任し，現在に至る。また同社は金融機関向けサービス「マネーフォワード for ○○銀行」を開始し，これが現在のFintech推進・DX支援サービスへと発展していった。

2017年，同社はFintech企業として国内で初めて，東京証券取引所マザーズ市場へ上場した。SaaS型の事業は，主にサービスの利用に応じて収益を計上するモデルとなっているが，その財務的性質が投資家に初めて受け入れられたという意味で金字塔を打ち立てたと言ってもよい。というのも，SaaSモデルは，サービス導入時に売上のすべてが計上される一般的なビジネス・モデルに比べて，収益化に時間を要するからである。解約率は低く，粗利率は高いため，中長期では収益性が極めて高くなることが見込まれるものの，従来型企業のモデルに慣れ，短期的な収益にとらわれすぎると投資しにくいと見られる可能性もあった。

なお2017年には，子会社としてマネーフォワードケッサイを設立し，同名の企業間あと払い決済サービスをリリースした。「マネーフォワード クラウド」を通して，中小企業と接点を持つ中，彼らの課題は業務効率化だけではなく，資金繰りにもあることに気付いたからである。これが現在のファイナンス・サービスとなっている。

2019年，同社は，国内トップのSaaSマーケティング・プラットフォームであるボクシル等を提供する，スマートキャンプ社をグループ会社化した。「マネーフォワード クラウド」で提供するバックオフィスSaaS領域と，今後も高成長が期待されるSaaSマーケティング領域は，親和性が高いと考えたからである。

こうして2023年の5事業部門の売上高は，前年比41％増の303億円となった。その内訳は，PFMサービスが13.1%，バックオフィス向けSaaSが61.6％，Fintech推進・DX支援が8.3%，ファイナンス・サービスが5.2%，SaaSマーケティング支援が11.6%となっている。（マネーフォワード 2024a，4頁，**図表④-2**）

図表④-2 マネーフォワード社成長の軌跡

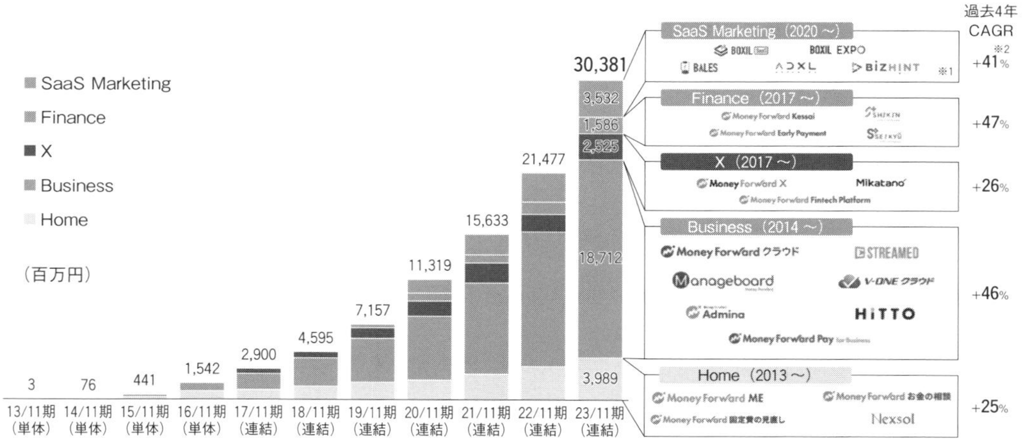

業務概要

SaaSマーケティング支援：	法人向けクラウド・サービスを比較し，まとめて資料請求できるSaaSマーケティング・プラットフォーム，インサイド・セールス・アウトソーシング
ファイナンスサービス：	企業間あと払い決済サービス，売掛金早期資金化サービス
Fintech推進・DX支援：	アグリゲーション基盤を活用し，Fintechプラットフォームを金融機関等に提供
バックオフィス向けSaaS：	バックオフィス（経理財務・人事労務・法務・情報システム）向けクラウドサービスを提供
PFM(家計簿・資産管理)サービス：	オンラインバンキング等から自動で金融データを取得・分類するサービスを提供し，ユーザーの資金管理を支援

※1　ビズヒント社の売上計上は2024年11月期より開始。

※2　SaaS Marketingドメインについては，ドメインの売上計上の開始がグループジョイン後の2020年11月期以降のため過去3か年CAGRとなる。

出所：マネーフォワード（2024a）4頁。

3 Fintechとパブリック・アフェアーズ

（1）破壊型から非破壊型へと進化するFintech企業

Fintechという言葉は1990年代から米国で使われ始め，大手金融機関に対する信頼が揺らいだ2008年の金融危機以降，彼らのビジネス・モデルを破壊するイノベーターとして，注目されるようになった。情報処理コストが低下したことで，大型インフラを持つ金融機関の優位性が低下していたこともある。特にグローバルに見ると2013年から2014年，日本では2015年に，Fintech企業への投資額が急速に伸び，存在感を示すようになった。米国で勃興した初期のFintech企業の多くは，銀行等の従来型の金融機関が提供する業務の一部に特化し，オンライン・サービスによる利便性と効率性向上や，安価な価格，大組織の都合に振り回されない中立性を武器に，ユーザーの支持を得て急速に成長した。そのため，当時の彼らは銀行業務をアンバンドル（分解）していくかのように思われた。

対する大手金融機関がなかなか類似のオンライン・サービスに踏み込めなかった背景には，その規模の大きさ故に身軽な動きができないのもさることながら，重い規制を課されていることもあった。そのため，公共性の高いインフラとしての側面も持つ金融機関は，金融システムの維持，市場の公正性や健全性の確保，預金者および投資家の保護等といった規制の目的に資する行動をとることが求められる。初期のFintech企業の多くが金融機関免許を取得せずに，あくまでもテクノロジー業者であろうとしたのは，こうした規制にとらわれたくないと考えた側面もある。

しかし，金融機関と類似のサービスを提供する以上，Fintechといえども，金融システムの秩序をまったく無視するわけにもいかない。そこで従来型の金融機関との連携を模索するリバンドリング（再統合）が目指された。ただし，Fintech企業の場合，そもそも従来型の金融機関に即した業法の中に収まらないテクノロジーや業務プロセスを提供している可能性もある。そのため，こうした業者が社会実装を目指すためには，ルールや利害関係者の考え方のアップデートも同時に行いながら，彼らを巻き込んでいかなければならない。つまり，

①理想とする社会的変化とそれに至る道筋を示している，②想定されるリスクに対処している，③規則などのガバナンスを適切に変えている，④関係者の納得感を醸成する，という４つの原則を満たすことが重要である（馬田 2021，126頁）。そしてそのための有効なツールの１つに，パブリック・アフェアーズがある（馬田 2021，461-473頁）。

（２）パブリック・アフェアーズのプロセス

パブリック・アフェアーズとは，企業等の組織が，ビジネス環境を監視，管理し，影響を与えるための戦略を指す。具体的には，公共政策に影響を与え，強力なブランドを構築し，ステークホルダーとの共通基盤を見出して社会的課題の解決に当たるための，アドボカシー，コミュニケーション，環境/社会/コーポレート・ガバナンス，政府向け活動等を指す。従来の政府向け活動と言えば，請願・陳情が一般的であったが，パブリック・アフェアーズは，課題解決に向けたコンセンサス醸成のためのメディアやライバルなどへの働きかけも含む広い概念である。時には政策形成と世論形成を同時に取り組んでいく必要があるからである。

なお，付言すれば，ガバナンスとは治めるという意味で，その主体は政府とは限らない。わが国では規制緩和を中心とした市場中心アプローチのガバナンスへの移行を唱える財界人が多いようであるが，テクノロジーを実装するためには，個人・企業・非営利団体等も含め，信頼関係で結ばれた多様な主体の相互作用によって治めるプロセスも必要となる（馬田 2021，224-309頁）。その手法も法制度に限らず，社会規範や市場によるモニタリング，アーキテクチャ（構造）等がある。こうしたインタラクティブ・ガバナンスが目指される中で，ルール形成型市場創出を進めていくには，①形成する市場の明確化，②社会課題解決ビジネス・モデルのためのルールのデザイン，③コンセンサス形成，④経営トップによる対外・社内発信，⑤NPO/NGO連携による求心力の獲得というプロセスを経る必要がある（経済産業省 2022，18頁）。こうしたガバナンスの変化からも，パブリック・アフェアーズの活動範囲が極めて広いことが伺い知れる。

4 マネーフォワードの パブリック・アフェアーズの取組み

(1) パブリック・アフェアーズ草創期

マネーフォワードにおけるパブリック・アフェアーズの取組みは，2015年に金融庁から瀧氏宛に勉強会依頼のメールがきたところから始まったという（瀧 2020a, 2020b）。創業時から，瀧氏はブログを書きためていたが，より正式な形でFintechの情報を発信すべく，Fintech研究所が設立された。折しもこの年は，日本においてFintechへの投資が急速に伸び，注目が集まった年でもあった。そこでさまざまな海外企業調査に日本へのインプリケーションを加えて公表すると，Fintechのエコシステムを形成するという，社会的役割への期待への声が寄せられるようになった。当時，辻・瀧両氏は，Fintech入門書もしたためている（辻・瀧 2016, 1-197頁）。

瀧氏は前職の大手金融機関でもロビイングに関わっていたが，スタートアップでの活動は，前職のそれとは異なっていたという。前職での役割が，要望を伝えることであったとすると，後者は，それまで試されてこなかった社会的価値や新しいサービスと，これを活用するユーザーの実態について，根拠あるデータとともに発信する役割を期待されたからである。瀧氏が，初代カスタマー・サービス兼広報兼マーケティング担当として，ユーザーのニーズを誰よりも把握していたことも，こうした期待の背景にあった。なお同年には，Fintech協会も設立され，2017年には，マネーフォワードの執行役員が理事に就任した。

草の根的なコミュニティ作りも行われた。2016年，金融革新同友会FINOVATORS（弁護士，コンサルタント，投資家，Fintech企業経営者，金融従事者，テクノロジスト等が支援に参加するプロボノ集団）が誕生し，瀧氏は創業メンバーに名を連ねる。FINOVATORSは，東京でFintechのエコシステムの形成と新規ビジネス創出を目的とした会員制のコミュニティ＆スペースであるFINOLABと連携している。

(2) マネーフォワードとルール形成

マネーフォワードが目指したのは，個人の金融情報の一元管理によって，お金に関するストレスを軽減するという新しい価値を，アグリゲーション技術を使って提供することであった。これは当初，スクレイピング方式で行われていた。この場合，PFM業者は，利用者から得たID（個人識別情報）とパスワードを使って，金融機関に代理でアクセスする。当時から認められていた手法であるが，金融機関ではない事業者に，IDとパスワードを渡さなければならない上，金融機関とPFM業者の間に合意はない。そのため，API（Application Programming Interface）化の方が安全であると考えられていた。API化とは，金融機関とPFM業者の間で電子的な「合鍵」を渡すことに同意し，事前に合意された範囲で情報を取得する方式である（瀧 2023a，292頁，**図表④-3**）。この方式であれば，利用者はより保護の利いた状態で，データ活用サービスが可能となる。そのため，当初はスクレイピング技術で問題がなくても，さらなるユーザー拡大が視野に入ってくると，API化が切望されるようになった。

図表④-3　銀行APIの概要

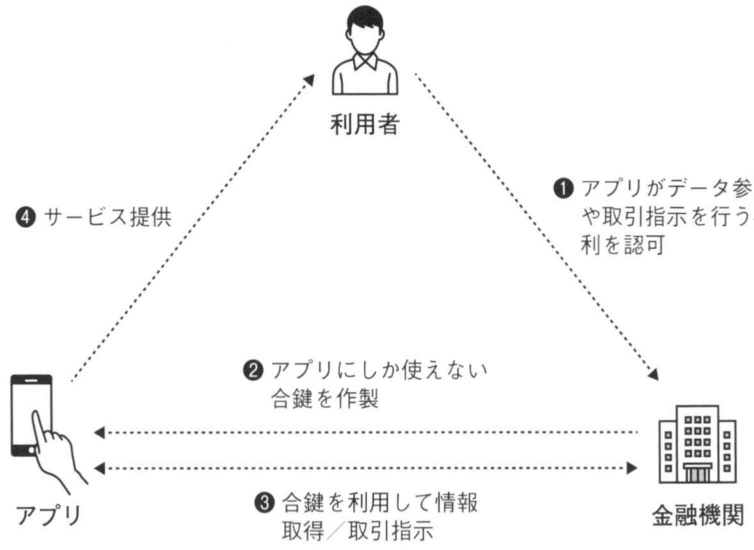

出所：瀧（2023a）292頁。

ただユーザーからすれば，自分が活用している一金融機関でもデータ連携できなければ，一元管理の付加価値は著しく低下する。そこでAPI連携を実現させるためには，政府とともに従来型の金融機関の多くを巻き込み，コンセンサスを形成して行く必要があった。もっとも，テクノロジー業者はそもそも金融サービスのエコシステムの一員であるという意識が希薄であるうえに，規制による自由度を奪われることを厭う傾向がある。一方で，金融機関が自社並のガバナンスやコンプライアンスを求めれば，新規参入業者のハードルが上がり，ユーザーの利便性は向上しない。一筋縄ではいかない中，業界を守るためには自社の利益を顧みる間もなく，協調でしかこの業界は成立しないことを繰り返し訴える，正直者であり続けるしか武器はなかった，と瀧氏は回顧する（瀧 2023a，294-295頁）

こうした活動が実を結び，2017年，遂に改正銀行法が成立した。同法は，銀行や信用金庫に対して，API公開の努力義務を課す。一方で，PFM業者や，電子送金サービス業者を「電子決済等代行業者」と定義して，登録義務を課すこととした。金融サービスのエコシステムの中で，イノベーションを生むプレーヤーとしての重要性が増す一方で，相応のセキュリティ水準を担保することが必須となったからである。そこで任意認定自主規制団体として電子決済等代行事業者協会が設立され，初代代表理事に瀧氏が就任した。ルール形成には，市場のリスクを軽減する守りのルール形成と，市場を創造・拡大する攻めのルール形成があり，API公開は当初，前者を目指していたという。しかし，API連携が健全な形で広まるにつれ，新たなビジネス機会も期待されることから，後者につながる法改正でもあった。

こうした活動が知られるようになると，マネーフォワードはいつの日か，日本銀行，経済産業省，総務省，金融庁といった，いわゆる霞ヶ関人材の集まるスタートアップとして知られるようになった。そして同社のパブリック・アフェアーズは，新たなステージに移行した。例えば2021年，同社は自社のサービス提供を超えた対外的な活動をより推進するべく，CoPA職を設けた。**図表④-4**に示すように，同社の政策提言領域は，自社サービスに留まらず，業界を代表する活動も増えている（マネーフォワード 2023，49頁）。自社のサービスやユーザーにしか見えない情報を活かし，社会的課題の解決に焦点を当てた政策提言が行えるからである。また2023年は，パブリック・アフェアーズ室の活動も，従来からの政策提言やサステナビリティ向け活動に加え，子育て政策や金融教育イベントなどにまで及んだという。さらに，社会的課題の解決に向けた活動は，マテリアリティ（自社が事業を通じて注力する社会的課題）とも重なっていった。実際，同社の３つのマテリアリティの中には，User，Talentと併せてSocietyが盛り込まれた（マネーフォワード 2023，41-54頁）。市場創出型のイノベーションは現在進行形で進んでおり，自社の活動が，さまざまな法制度や社会規範から外れることがないよう，注視すべきだからである。また北極星のように掲げるべき未来のあり方が，より社会にとって望ましく，ユーザーにとっての課題解決になるよう，積極的に働きかけていく必要がある。つまりこうした活動が，同社の長期的企業価値の向上につながると同時に，社会的責任を果たすことになるのである。

図表④-4　現在の政策提言領域・カウンターパート

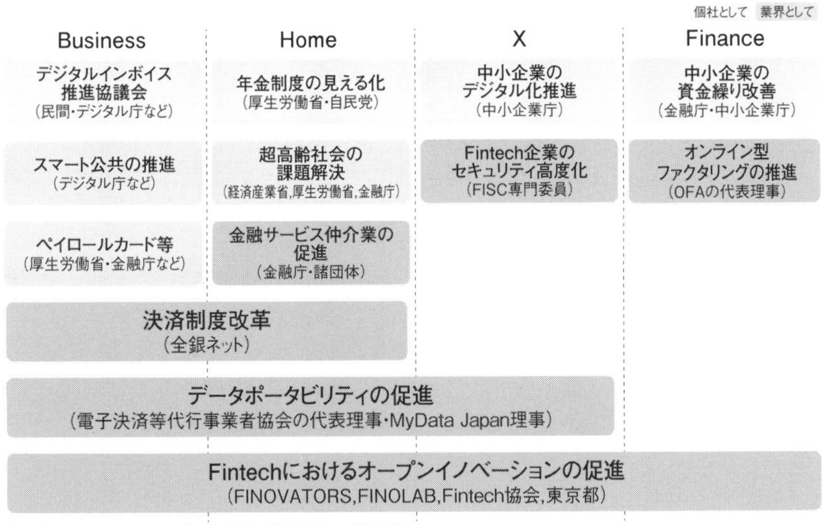

出所：マネーフォワード（2023）49頁より一部抜粋。

5　スタートアップのパブリック・アフェアーズ

マネーフォワードによれば，パブリック・アフェアーズはどの企業も行うべきではあるが，スタートアップ企業なりのやり方があるという（マネーフォワード 2023，47頁，**図表④-5**）。

第一に，スタートアップ企業では，創業者の社会的課題を解決するという創業動機がミッションやビジョンとなっていることが少なからずあるため，切れ味のあるナラティブ（ストーリー）を提示しやすい。不確実な未来像に対する主観的な納得感を醸成するうえで，ナラティブは効果的とされている。そしてこれが，関係者が目指すべき，北極星のようになっていく。

第二に，スタートアップがユーザーの支持を得るのは，ほかでは得られないユーザー体験を提供できるからである。こうしたユーザーが足元でどうやって課題を解決したのか，根拠あるデータを持って代弁できるのも，スタートアップならではであろう。また少ないユーザー数から始め，スピード感を持って増

図表④-5　スタートアップのパブリック・アフェアーズ

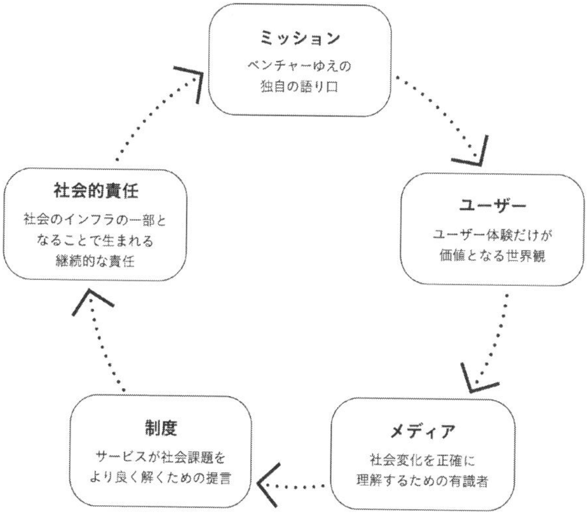

出所：マネーフォワード（2023）47頁。

加させることができるのも，スタートアップの強みである。新しい市場においては，法制度等の環境整備がなされていないことも多く，大規模なサービス提供が行いにくい場合もあるからだ。その一方で，多くのユーザーの実体験といったエビデンスがない限り，関係者の納得感は醸成しづらい。スタートアップであれば，こうしたジレンマの間隙を縫って，社会実験を行う道も見つけやすい。

第三に，スタートアップはこうした未来像とそれにつながる新しいサービス，これを利用するユーザー等の専門的かつ希少な情報を，継続的にメディアへ発信できる。人手の足りないスタートアップにとって，広報活動への惜しみない資源配分は大きな負担かもしれないが，新市場のエコシステムの一員と認められるためには不可欠な要素であろう。北極星を掲げるスタートアップのナラティブに乗ってみたい，と思わせるような信頼関係を築くことが重要だからである。

第四に，こうして社会の変化を正確に知りたい有識者のニーズを満たせるようになると，自社のサービスが自社の利益を超えて，社会的課題をよりよく解決するための政策提言や，より大規模な展開に備えた政策提言に，つながっていく。資源の限られるスタートアップは，外部の経済団体や専門家等も巻き込みながらこれを推進していかねばならないが，社会のコンセンサスを形成していくという意味ではむしろ効果的かもしれない。

第五に，こうして社会のインフラの一部となると，継続的な社会責任を負うようになる。そしてこれを満たすことが長期的な企業価値の向上とミッション達成のための行動となっていく。

6　おわりに

以上のように，マネーフォワードの活動を紐解くと，パブリック・アフェアーズ活動を通じたルール形成型市場創出は，わが国の特性を鑑みると，親和性の高い，効果的な手法のように見える。しかし，こうしたパブリック・アフェアーズ活動にも課題はある（瀧 2023b，21頁）。

第一が，自社のユーザー・エクスペリエンスや成長を阻害し得る制度リスクを見極め，それに対する合理的な対応を行えるかということである。こうした自問自答を続けることは，法制度の正しい理解を組織として共有することにつながっていく。場合によっては，合理的な課題解決のためには，パブリック・アフェアーズよりも優先すべき戦略があるかもしれない。第二が，自社が考えるリスクを，ユーザーや同業他社も同様にリスクとして捉えているか，ということである。もしそうであれば，ライバルとでも，同盟を組むことが検討されてしかるべきであろう。説得力が格段に上がるからである。しかしもしそうでない場合，そのリスクは自社都合にすぎないかもしれない。第三が，解決すべき社会的課題を見つけたとして，それを具体的な制度的課題として定義できるか，である。誰もが認識しているような社会的課題であっても，「○○法の○条を改正すれば，ユーザーの利便性が上がるはずだ」というように，法制度上の問題として政策提言をしないと，行政府としては対応しがたい。言うまでもなく，この次元での提言を行うためには，専門家の力が不可欠である。つまり，パブリック・アフェアーズは総力戦であり，どれだけ関係者を巻き込めるかが，成功のカギを握っているとも言えるであろう。

Review & Discussion

① どのような業態・ビジネスの場合にルール形成型市場創出が適しているか考えてみよう。

② パブリック・アフェアーズの意義を述べてみよう。

③ どのようなパブリック・アフェアーズ活動が効果的か考えてみよう。

〈参考文献・資料〉

CB Insights（2023）State of Fintech Global Q3 2023 Report.

Marc-Angelo（2023）The Essential Role of Public Affairs and Government Relations in Startups: Pioneering Through Disruption. Policy-Insider.AI.

馬田隆明（2021）『未来を実装する―テクノロジーで社会を変革する４つの原則』英治出版。

馬田隆明（2022）「市場を創るためのルールメイキング」（https://files.speakerdeck.com/presentations/e21bd3b86e0a48e6ad00d1421068bad3/市場を創るためのルールメイキング.pdf〔最終閲覧日：2023年12月25日〕）。

オウルズコンサルティンググループ（2022）「令和３年度産業経済研究委託事業（社会実装を支援するサポート産業の実態とその振興に関する調査）最終報告書」。

経済産業省（2022）「ルール形成型市場創出の実践に向けて『市場形成ガイダンス』―社会課題解決でビジネスを創る経営の手引き」。

瀧俊雄（2020a）「ユーザーの信頼を得て，“FinTechの顔”へ――マネーフォワードのパブリックアフェアーズ– 前編」PublicAffairsJP（https://publicaffairs.jp/interview_toshiotaki_20/〔最終閲覧日：2023年12月25日〕）。
瀧俊雄（2020b）「“北極星”はどこにある？ ベンチャー企業がパブリックアフェアーズに取り組むうえで必要なこと– 後編」PublicAffairsJP（https://publicaffairs.jp/interview_toshiotaki_21/〔閲覧日：2023年12月25日〕）。
瀧俊雄（2021a）「Chief of Public Affairsに就任したマネーフォワード瀧俊雄さんに，その可能性について聞いてみた（前編）」merpoli（https://merpoli.mercari.com/entry/2021/04/07〔最終閲覧日：2023年12月25日〕）。
瀧俊雄（2021b）「Chief of Public Affairsに就任したマネーフォワード瀧俊雄さんに，その可能性について聞いてみた（後編）」merpoli（https://merpoli.mercari.com/entry/2021/04/09〔最終閲覧日：2023年12月25日〕）。
瀧俊雄（2023a）「テクノロジー社会の本格的な到来を受けて，金融から日本を変える（CHAPTER2 #14）」ホーン川嶋瑤子編著『イノベーション＆社会変革の新実装　未来を創造するスタンフォードのマインドセット』朝日新聞出版。
瀧俊雄（2023b）「ベンチャーにとってのパブリック・アフェアーズの考え方」。
苞山美香（2022）「瀧さんはこわくない」note（https://note.com/mikatsutoyama/n/n9d603ca98140〔最終閲覧日：2023年12月25日〕）。
辻庸介・瀧俊雄（2016）『FinTech入門―テクノロジーが推進する「ユーザー第一主義」の金融革命』日経BP。
辻庸介（2021）『失敗を語ろう。「わからないことだらけ」を突き進んだ僕らが学んだこと』日経BP。
電通PRコンサルティング（2023）「～世論形成＆政策形成～パブリックアフェアーズ活動支援プログラム 2023年版」。
日本経済新聞（2021）「眠る銀行決済データ，新事業切り開く 普及元年に」。
Plug and Play JAPAN（2023）「Fintech Report 2023―日本における金融機関とフィンテックスタートアップ連携の要諦」。
マネーフォワード（2023）「統合報告書『Forward Map』2023」。
マネーフォワード（2024a）「2023年11月期４四半期決算説明資料」。
マネーフォワード（2024b）「Business Overview for Investors」。

謝辞

本章執筆におきましては，マネーフォワードグループ執行役員（サステナビリティ担当）Chief of Public Affairs兼Fintech研究所長の瀧俊雄氏に大変お世話になりました。本章は，2021年明治大学国際日本学部沼田ゼミで行ったマネーフォワード社のケース・スタディ研究および瀧氏のご講義をベースに，内容をアップデートしました。ご尽力いただいた方々には，深謝いたします。なお，英語で行われたご講義の日本語訳の責は沼田にあります。

（沼田 優子）

case 5

iYell

リーダー企業が不在の巨大市場に挑むスタートアップ

●本ケースのねらい●

一般的に企業，とりわけスタートアップにとって最も重要な決定の1つは，事業ドメインをどのように選択するのか？　という点であることに間違いはないだろう。今回取り上げるiYell（イェール）の最も優れた点はそこにあると言っても過言ではない。

そこで，同社の事業ドメイン決定の過程について具体化するのと同時に，当該領域でのビジネスモデル構築の要点とステップ，そしていかに競争優位性構築に結び付けていったのか，について明らかにする。また，これらの要素は，いかなるスタートアップにおいても参考になるものであり，検討すべき事業の着眼点について大いに参照することが可能な視座であるとも言える。本ケースは事業開発のお手本とも言うべき要素がカバーされているため，スタートアップの事業構想の参照例の1つとなることを狙いとしている。

キーワード

事業ドメイン，競争環境，事業開発戦略，ビジネスモデル，収益モデル

〈会社概要〉

商　　号：iYell株式会社（いえーるかぶしきがいしゃ）
代　　表：窪田 光洋（代表取締役社長兼CEO）,神奈川県出身
設　　立：2016年５月12日
払込資本金：65億7000万円
本社所在地：東京都渋谷区道玄坂１丁目16番３号 渋谷センタープレイス５階
従 業 員 数：305名（※2023年10月現在）
事 業 内 容：住宅ローンプラットフォームの提供

＜代表者・法人沿革＞

2007年　青山学院大学経営学部　卒業
2007年　東証１部上場のSBIホールディングス入社。SBIモーゲージ株式会社（現アルヒ株式会社）に配属
2010年　最年少で住宅ローン来店型店舗の越谷店長に就任
2012年　債権管理部長に就任，住宅ローンの延滞率の半減に成功し，住宅金融支援機構から表彰
2012年　SBI大学院大学にて経営学修士（MBA）を取得
2014年　最年少で執行役員に就任，住宅ローン商品の組成から販売審査までを担う事業部を統括
2015年　コンプライアンス部門にて，当局の対応責任者を担当
2016年　同社　退社
　　　　iYell株式会社を設立，同社代表取締役社長兼CEOに就任（現在）
2018年　クラウド型住宅ローン業務支援システム「いえーる ダンドリ」リリース
　　　　シリーズA総額約6.6億円の資金調達を実施
2019年　不動産会社/住宅事業者向け情報サイト「いえーる住宅研究所」リリース
　　　　シリーズB総額16.5億円の資金調達を実施
2020年　シリーズC総額18.5億円の資金調達を実施
2021年　住宅ローン商品抽出システムのビジネスモデル特許を取得
　　　　Fintech事業「iFinance」事業の開始
2022年　シリーズD総額35 億円の資金調達を実施
2023年　住宅ローンの業務代行における「提携金融機関数」「住宅事業者数」「利用金額」で２年連続No.1を取得
　　　　シリーズE4.5億円の資金調達を実施 累計調達額約80.5億円

1 はじめに

今回取り上げるiYell（イエール）（以下，同社）を，なぜスタートアップの事例の１社として取り上げるのか，その理由から考えたい。

経営学者である三品和広の2006年刊行の書籍に『経営戦略を問いなおす』というものがある（参考文献参照）。ここにおいて三品は，戦略の要点は「立地」「構え」「均整」の３点に尽きると断言している。三品（2006，64頁）によると，「戦略とは何を意味するのか，（中略），結局のところ，『立地』に『構え』を幾重にも重層的に絡め，そのうえで『均整』をとることと考えれば，わかりやすいでしょう。」と書いている。

これはスタートアップにとっても当てはまることではないか？

ここが本ケースの出発点である。

つまり，そこから考えるに，同社は，それが意図的であるのか，あるいは偶発的なのかは別として，「スタートアップの戦略」として，三品が述べた戦略論に大いに合致するのではないかという考えである。またここで言う「立地」の選択こそが同社創業者の最も注目すべき慧眼があったと言っても過言ではないと筆者は考えている。

本ケースでは以下，「立地」「構え」「均整」の観点から同社の沿革，現在のビジネス概要と事業戦略，そして今後の課題について検討していきたい。

2 創業から現在の事業に至るまでの沿革

「立地」の観点から同社創業者窪田氏（以下，同氏）の経歴は欠かすことができない。同氏は大学卒業後，「社長になりたい」というかねてからの思いから当時，子会社社長制度を推進していたSBIホールディングスを就職先として選択する。そして入社後偶然にも，住宅ローン会社であるSBIモーゲージ（現アルヒ）に配属されることとなる。そこで住宅ローンという市場にどっぷりと浸かり，不動社会社営業，営業責任者として大阪支店長を経て，債権管理部長となる。債権管理部長としては回収が滞留する債権をわずか１年で半分の期間に圧縮するなど，その手腕を振るっている最中の2014年，SBIモーゲージが米大手買収ファンドのカーライルに買収されることとなる。これをきっかけに同氏は学生時代からの夢であった「社長になる」ことを再び思うようになる。そしていよいよ2015年に起業を決意し，現在の同社を設立することとなった。

同氏は自身の住宅ローン市場における10年近くの経験から，その非効率性やそれが住宅ローンに関するプレーヤーの多さなどに起因することを肌身に感じていた。そこで同社はまず，一生に一度の買い物とも呼ばれる住宅の購入に関して，日本全国に無数と言ってよいほど多数存在する不動産会社が仲介として介在することに目をつけ，住宅購入者が信頼に足る不動産会社を見つけるための一助となろうと，不動産会社に関するクチコミサイトを立ち上げる。しかしながら，そもそも一生に一度という特性から当然のことながらリピート利用がなく，クチコミを書き込む，あるいは参考にする重要性が訴求されず，なかなか収益を生む結果に至らなかった。そのため足元の業績は非常に厳しい状態であり，日本で有数の住宅ローンに関する知見の持ち主という同氏自身の経歴を活かした，金融機関や不動産会社向けの顧問が唯一と言える食い扶持の創業当初であった。

そのような中，同氏は１つの収益機会を見出す。それは住宅ローンの借り換えの市場である。住宅ローンを商品として提供する金融機関にとってはどの企業であっても必ず起こる，既存顧客の借り換えによる他社への契約流出を阻止したいというニーズである。つまり，住宅ローン契約者である消費者が契約時の借入金利よりも金利が低い住宅ローンへと借り換えるのがこの市場においては一般的であるが，これは金融機関にとって契約者の減少に直結する課題であり，将来利益，将来に発生する金利収入の喪失につながるのである。

同社はここに目をつけたのだ。

金融機関にとって，他社の住宅ローンに借り換えされてしまい自社の契約者が減少するのであれば，自社自ら能動的に自社の契約者に対して，契約者にとってより有利な金利での借り換えを勧め，契約条件の見直しを図ることで契約者の流出を防ぐことができるのである。もちろん将来に期待される金利収入は目減りするが，契約者の減少を回避することができる。言い換えれば，将来の期待収益を減らすものの防衛的に契約者それ自体を維持する，という非常に後ろ向きな施策ではあるが，収益源そのものを失うことよりも契約維持は優先されるべきなのである。同社はここに目をつけて，自ら能動的に借り換えを契約者に対して推奨し，自社内で借り換えを促進する施策とその実行業務それ自体のアウトソーシングを金融機関に対し提案したのである。

これが金融機関の思惑と合致した。金融機関にとっては自社契約者数の減少を防ぐだけでなく，住宅ローンの借り換えによって一時的に発生する手数料によって売上を短期的には創出できるのである。もちろん長期的に発生する可能性がある収益を長期的には減らすことにはなるが，契約者を流出させ収益をゼロにすることを防ぐだけでなく，前倒しで手数料売上を稼ぐことができるからである。

同社は，この借り換え業務のアウトソーシングを完全成果報酬モデル，つまり既存契約者の借り換え契約が完了した場合のみフィーを徴収するモデルを金融機関に提案し，数社の金融機関から業務を請け負うことに成功する。そして創業直後のスタートアップとしては異例の数億円の収益を短期間に上げるに至り，創業初年度，2年目度を黒字で同社は終えることとなる。

ただ，この借り換え業務のアウトソーシングは当初から早期に市場に限りがあることは自明の理であった。そもそも借り換えすることで支払い金利が減ることとなる契約者数には限りがあり，そしてこのモデル自体に魅力を感じる金融機関の数も限りがあるからである。むしろ短期的に収益を上げることで次なる市場進出のための体力作りをしていたと考える方が正しいであろう。

そしていよいよ次なる事業に乗り出す。住宅ローン市場という「立地」をそもそも選択していた訳ではあるが，その市場に切り込むための「構え」を新たに定めることとなるのである。

それは既存顧客である金融機関と，創業時にもともと顧客にしよう（間接的には）としていた不動産会社とを結び付けるためのプラットフォーム市場である。

3 「立地」としての住宅ローン市場

三品（2006, 65頁）は「立地」について以下のように述べている。

「一に立地，二に立地，三，四が無くて，五に立地。こんな格言を，小売業ではよく耳にします。（中略）同じ格言は，そのまま戦略にも当てはまります。『立地』が悪ければ，他の努力がすべて水泡に帰するのは戦略とて同じことなのです。どうせ事業を構えるなら，需要があって，供給が少ない，そういう『立地』を選ぶに限ります。」

住宅ローン市場は貸出残高が200兆円を超える大規模市場である（**図表⑤-1**）。しかしながらその市場の実態は非常に見えにくい。それにはいくつか理由がある。

図表⑤-1　業態別の住宅ローン貸出残高の推移（兆円）

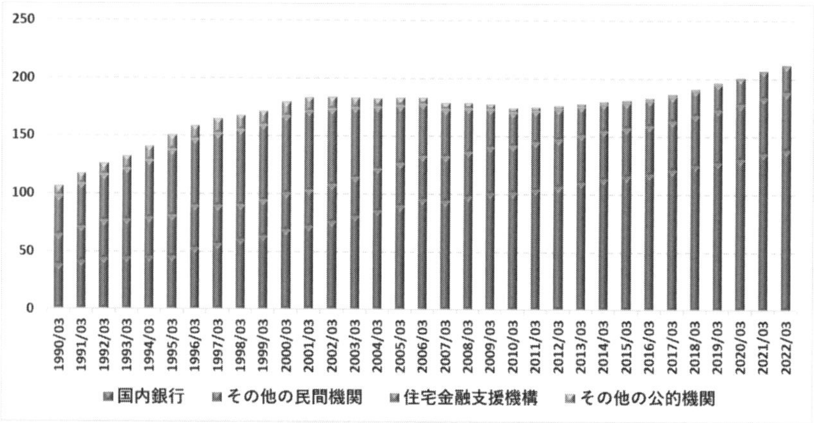

（住宅金融支援機構のデータから作成）

出所：ニッセイ基礎研究所「2021年の住宅ローン市場の動向と今後の注目点について」（2022年08月26日）より抜粋。

まず住宅ローンという商品の供給側を見ると，第一に住宅ローン専業会社というのがほぼ皆無に等しく，その他の金融商品も取り扱う金融機関の，そもそも一商品にすぎないという商品の位置付けである。次に，その住宅ローンを商品として取り扱う金融機関が実に700社にも及ぶ点である。メガバンクや地方銀行といった従来型の金融業界のメインプレーヤーである銀行だけでなく，ネット専業の銀行，そしてクレジットカードなどを中心としたノンバンクといったプレーヤーまで数が多く，細分化された市場なのである。第三に，そのようなローン商品の１つであるが故に，貸出残高が大きいにもかかわらず，そして「住宅」を取り扱うという専門性が高いにもかかわらず，いわゆる人事ローテーションという日本型の人事制度の下，特化した専門家が極めて少ないという背景がある。

一方，住宅ローンの借り手である消費者を見ていこう。住宅ローンがそもそも金融商品であること自体が現在の状況を生み出しているといっても過言ではない。金融商品というのは，特に日本市場においては極めて情報の非対称性が高く（供給側の知識が豊富で，需要側の知識がそれに比べて圧倒的に少ない），リテラシーと呼ばれる，特定の商品に関する理解や知識が消費者側に大きく欠如しているのが特徴となっている。そのような商品においては，消費者の購買選択行動が限定的にならざるを得ないのが通常である。したがって，一般的な消費財とは大きく異なり，まずもって比較検討されるなどの買い周り商品にはならないし，消費者側も比較検討しようという意向を持っていないことが多い。そして，同時にまた，あくまでも主役は「住宅」という不動産であり，住宅ローンがそれを入手するための手段にほかならず，「人生で一番大きな買い物」と呼ばれるほどの，典型的な買い周り商品である「住宅」の付随商品にすぎないのである。そしてまた，金融商品であるが故に，その契約に関する事務手続きは煩雑で膨大であり，契約条件も複雑になるため，ますます比較検討行動を取る消費者は数少ないのが実態である。

ではどのようにして消費者は住宅ローンを選ぶのか？

答えは非常に明快である。「住宅」の購入仲介をする不動産屋が推薦する住宅ローンの中から選択することがほとんどなのである。消費者の中には，「住宅」と「住宅ローン」がセットで販売されていると信じている者もいると言われているぐらいである。つまり住宅ローンに関する独自の購買行動というものは存在しないことが多く，住宅の買い回りのついでに購買される程度の商品であると言える。

次に，住宅ローンは不動産会社にとってはどのような存在であるのか？　という点を見ていきたい。

前述のように，住宅ローンという商品が「住宅」という，より巨額の商品にほぼ必ず伴う周辺必需商品で，不動産会社にとっては避けては通ることができない商品ということである。

しかしながら，不動産会社は，金融業法上の無免許に当たるため，住宅ローンを仲介し販売することができないのである。したがって，あくまでも住宅を販売する目的のために，消費者に商品を紹介や推薦するにすぎないのである。そしてその実態は，不動産会社の各販売担当者が，自身の有する限られた知識や人脈の中でせいぜい数社の住宅ローン提供会社を紹介するにすぎず，その審査のための膨大な事務作業を，住宅を販売するがために代行して実行しているのである。したがって，不動産会社にとってもあくまでも「おまけ」の商品であり，しかしながら住宅販売においては必ず伴うと言ってよい商品であり，扱わざるを得ないものとして位置付けることができるのである。

つまり，ここには消費者側と不動産会社側双方にとって，２つ大きな問題が存在する。

１つ目に，消費者は自分自身に最適な住宅ローン商品を選択できているのかどうか，その保証がまったくない点である。言い換えれば，より安い費用で手に入れることができる住宅という商品をより高い費用で購入している可能性があるということである。なぜならば，どの住宅ローンと契約するかは，多くの場合，不動産会社の担当者の知識，人脈に依存しているからである。不動産会社の担当者も全国に存在するすべての住宅ローンの商品知識があるわけでもなければ，すべての金融機関とのネットワークがあるわけでもない。したがって，自らが相手にしている顧客にとって，最適な商品を選び推薦しているのではないのである。

次に，不動産会社は住宅販売に付随する住宅ローン商品をほぼ無償サービスとして紹介している点である。そのような状況であるから，前述のように，日本に存在するすべての住宅ローン商品を自ら調査し，比較検討するといった動機も持ちようがないのである。また住宅を販売する際に受け取ることができる報酬は，住宅ローンを伴う，伴わないにかかわらず，まったくの同額である。もちろん住宅ローン契約が成立しないと住宅それ自体の販売，それに伴う報酬も成立し得ないのではあるが，住宅ローンそれ自体には金銭的な動機がないままに少なくない追加の手間隙をかけているという点である。

最後に金融機関にとっての事情を確認してみよう。

多くの金融機関にとって事情を複雑にしていることの1つに，不動産会社がそもそも無数に存在するということがある。それはすなわち金融機関にとって，住宅ローンを借りたい消費者を探し出す労苦を高めることになっているのである。つまり住宅ローンを借りたい消費者は不動産会社の顧客でもあり，顧客を効率よく発見するためには不動産会社に依存せざるを得ないのである。もちろん一部の消費者は，自ら住宅ローンについて調べ，複数の金融機関に接触して比較検討し，能動的に契約金融機関を選択する。しかしながらそれはマジョリティではなく，この日本市場においては極めて少数派なのである。ということは，金融機関にとって住宅ローン商品は，不動産会社経由で顧客を発見し，販売する商品であり，住宅ローンに関する営業行為とはすなわち不動産会社に対して自社の商品を推薦してもらうように働きかけることを意味するのである。

以上のように，住宅ローン市場は，供給者としても，紹介者としても，そして購入者としても主要プレーヤーが存在しないが故，潜在的に大きな課題を抱えたままの市場として放置されてきたのが現状なのだ（**図表⑤-2**）。

同時にまた金融商品であるが故の規制という点がより一層問題をわかりにく

図表⑤-2　住宅ローン市場構造

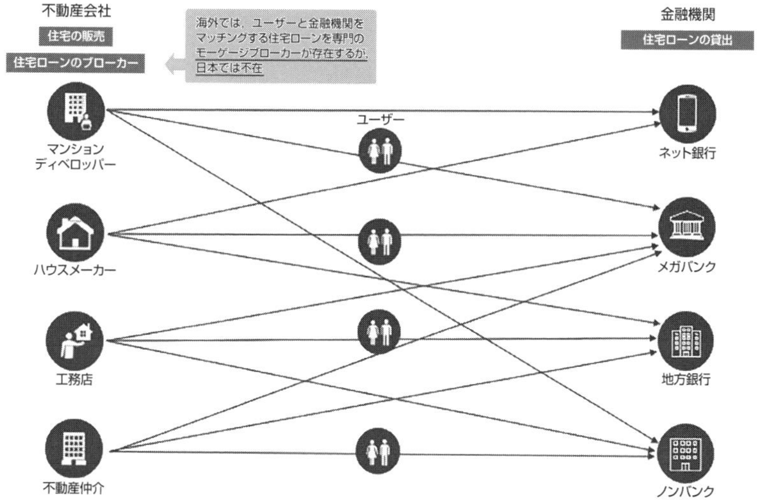

出所：同社資料。

いままにしてきた市場であるとも考えることができる。

繰り返しになるが，住宅ローン市場は巨大市場であるにもかかわらず，プレーヤーが多数であり，典型的な分散型市場であることが大きな特徴で，同時にまた消費者によるその購買行動がその他金融商品と比べても特殊な事情を伴った，複雑であり同時に多様な構造を持つ商品市場と言えるのである。

同社はこういった，(1) 巨大市場であるが，(2) 圧倒的な市場シェアや競争優位性を持つプレーヤーがおらず，(3) 多数 対 多数 対 多数という構造を持った市場において，(4) 市場のプロが存在しないが故の競合不在の状況下で，その多数間取引を唯一無二の存在として仲介するという「立地」を選択したのである。

最後にもう1つ付け加えておくべき点がこの市場の特殊性である。まず金融機関は自明のように金融庁管轄の規制対象である。一方の不動産会社は国土交通省管轄の，これまた規制を受けている対象である。双方ともに行政の規制がある業界であり，その規制の間隙を狙う，自由なポジションを取るプレーヤーが従来は存在しなかった。海外，特に米国においてはブローカーと呼ばれるプレーヤーが存在し，その両者の間を仲介するプレーヤーが存在するが，日本では今までそのような存在は無かったのだ。そこに目をつけ，金融機関と不動産会社をつなぐ立地を選んだのが同社なのである。

三品の言葉を再び引用すれば，「(中略) 優れた立地の条件が見えてきます。豊かなポテンシャルに恵まれたという意味でビッグであるか，または競合がいないという意味でユニークであるか，どちらかに該当すれば望ましい立地と言えるでしょう。」ということである。

同社の立地は，ここで三品が言うところの「ポテンシャル」と「競合がいない」の両方の意味において，望ましい立地であり，スタートアップとしては望むべくもない選択であったと考えられるのである。

4 「構え」としてのビジネスモデル

(1)「構え」の俯瞰

次に同社の「構え」について見ていきたい。

三品（2006, 79-81頁）は次のように「構え」を表現している。

「立地に続いて思慮を要するのが，店の構えです。どれだけ大きな店にするのか，平屋でなく二階建て以上にするのか，倉庫や作業スペースの大きさは，天井高は，商品の搬入経路は，そして出店密度はどうするか，小売業で言うならば，この類の基本設計の話です。（中略）要は，飾り付けくらいなら思い立った時に変えればよいのですが，あとになってからでは簡単に変えられない要素が，実は立地以外にたくさんあるのです。小売業の場合は，店の基本設計がそうでしょう。立地に次ぐ準固定要素，それが構えの本質です。」

では同社の構えとはどのようなものであるのだろうか。

同社のビジネスモデルを見ていこう（**図表⑤-3**）。

単純化すると，住宅購入者，同時にまた住宅ローン購入者と住宅ローン提供金融機関とをマッチングするのがビジネスモデルである。

もう少し詳しく見ると，まず住宅を購入するために不動産会社を訪ねた消費者が，いざ住宅を購入する段階になると，同社は，同社が提携する数多くの金融機関の中から，その購入者の条件に最適な住宅ローン商品を抽出し，消費者に不動産会社経由で提案する。その結果として，消費者を金融機関に紹介，送客することで金融機関から手数料を得ることになる。

言い換えれば，住宅ローンブローカー（仲介者）の立場で，効率的に最適な受託ローン商品を消費者に紹介し，不動産会社，金融機関はそれぞれ本来の専門業務に特化できるような役割を果たすということである。

このマッチングビジネスのために，不動産会社に対して住宅ローンを抽出，提案するための業務システム提供のモデルが存在する。このシステムを通じて，すべてのやりとりが完結され，不動産会社はシステムに基づいて顧客への住宅ローン商品提案，そして住宅ローン契約の代行業務を行うことになっている。

そしてこの３者のマッチングビジネスに加えて，別のマッチングビジネスも立ち上げている。それは住宅ローン手続きにまつわる，法的な不動産登記手続きのための司法書士と住宅ローン契約者とのマッチングサービスである。住宅は不動産であるため，法務局への不動産登記が必要となり，司法書士の業務と切り離すができない。そのため，金融機関とは別途切り離して送客を行い，サービス化している。

図表⑤-3　iYellのビジネスモデル

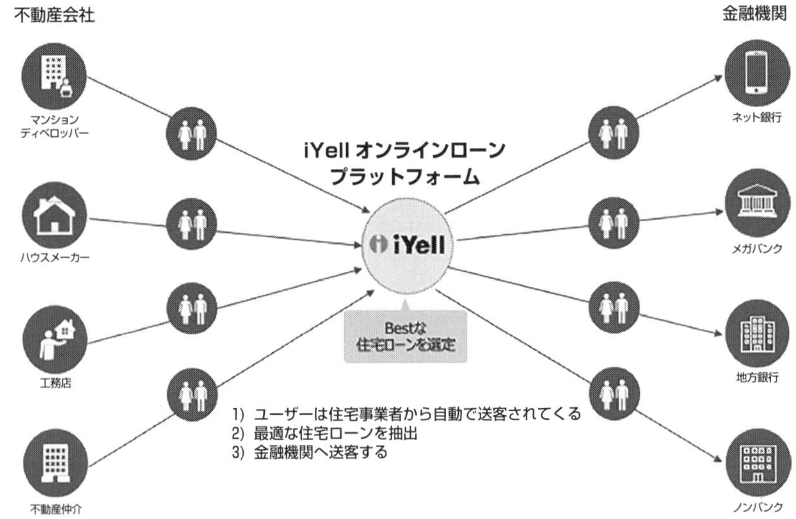

出所：同社資料。

それだけでない。住宅購入に伴い，住宅のほかに購入されるさまざまな商品に関しての送客ビジネスも行っている。例えば，住宅の火災保険である。住宅購入時に火災保険加入は，住宅ローン手続きに義務付けられていることもあり，そのニーズは大きい。こちらもまた送客として保険会社ないし保険代理店につないでいる。その他にも，家具や家電といった，耐久消費財の購入へのつなぎ込みなど，さまざまな形での送客サービスを立ち上げている。これら，いずれも金融機関向けと同様，成果報酬型のフィーを元にビジネス化している。

同社のプラットフォームビジネスの構えを要約すると，「住宅」=「住宅ローン」を起点にして発生するさまざまな商品，サービスの提供者をプラットフォームに参加させ，そもそもの顧客である住宅ローン契約者とマッチングすることである。

つまり，ブローカー（仲介者）として，住宅ローン契約者に住宅購入に伴い必要となるあらゆるものを最適な価格，最低限の手間で提供することを，このプラットフォームサービスは目指していると言うことができるのである。

（２）提供価値

それではこのプラットフォームは，具体的にどの程度の価値を提供しているのであろうか？　同社の調べに基づくと，住宅ローン契約者，不動産会社，金融機関それぞれ，同社のプラットフォームに関することは大きなメリットがある。それぞれを具体的に見ていきたい。

まず住宅ローンの契約者であるが，住宅ローンの条件は一般的に，契約者個人の与信状況，購入物件の条件，住宅ローンそれ自体の申し込み条件などによって決まると言われている。

ただ前述の，現在の住宅ローン市場においては，契約者が自らに最適化された条件で住宅ローン契約をできているとは限らないのである。

同社の調べによると，住宅ローンの返済金削減額の一例として，6,000万円の借入を金利2.2%で契約していた消費者が，同社を通じて提案された金融機関の住宅ローンに切り替えることによって金利が大幅に下がり0.5%の条件となることで，返済の総支払総額が約2,000万円削減された事例が存在するとのことである。

つまり消費者にとっては，同社が提携している不動産会社を通じて住宅物件を購入することで，自身に最適な住宅ローンを紹介され契約することで，住宅ローンの総返済額を大幅に減らすことができるのである。

不動産会社にとっては，繰り返しになるが，あくまでも住宅の販売が本業である。しかしながら現状においては，本業ではない住宅ローンに関わる業務が全体の４分の１を占めると言われ，本業に関わる業務時間が25%も割かれているとされている。このような状況が，同社のプラットフォームを利用することでほぼ業務時間ゼロの状態となり，全体の業務時間のうち，住宅ローン関連業務に割かれている25%分を削減することができるのだ。

最後に金融機関にとってはどうか。金融機関にとってのコストは集客の部分と手続きに関するオペレーション部分とに二分される。

まず，従来の集客に関わるコストは，集客のため不動産会社に対して実施してきた営業行為に関するコストである。これはほぼなくなる。次に，住宅ローン手続きのオペレーション費用についても大幅に削減できると推定されている。具体的には，従来の集客以降の住宅ローン契約そのものにまつわる業務全体も同社や同社のシステムが一部肩代わりすることによるものである。

これら２つの業務のコストはほぼ50％の削減が見込めるという。

このように同社のプラットフォームは，上記３者いずれにとってもコスト削減につながることとなる。逆に言うと，このプラットフォームは３者の，具体的なコスト削減につながるような「構え」を持つように設計されており，それがこのプラットフォームの基本設計なのである。そしてまた不動産会社，金融機関に対しては，それぞれの業務にまでしっかりと踏み込んだシステムを有するプラットフォームの構築がなされているのである。

（３）提供価値実現のためのサービスラインアップと収益モデル

さて具体的なサービスはどのような構成になっており，具体的な収益モデルはどのようになっているのか。

まず不動産会社向けには，「いえーるダンドリ」という名称で，月額課金型のソフトウェア提供を行っている。つまりサブスクリプションの課金モデルとなっており，2023年９月時点で全国に６万社程度ある不動産会社のうち，約600社が加入している。

このソフトウェアの中核は，前述のように住宅ローンに関わる，ありとあらゆる業務が簡素化できるような機能となっている点である。不動産会社の担当者が最低限の必要情報を入力さえすれば，残りの住宅ローンに関わる業務をすべて同社の担当者が代行してくれるうえに，契約者にとって最適な金融機関の住宅ローン商品を推薦し，その後の手続きもすべて代行してくれるのである。

次に金融機関向けであるが，こちらは「モーゲージコア」の名称で，金融機関に住宅ローンの契約見込み客を送客するソフトウェアを提供している。このソフトウェア利用料も完全成功報酬となっており，成約金額の１％を金融機関が手数料として同社に払う仕組みになっている。

この金融機関向けとまったく同じモデルで提供されているのが司法書士向けの不動産登記手続きや火災保険の加入，家具，家電の購入などの，そのほかのマッチングサービスである。これらすべてを総称して「モーゲージコア」の名称で，送客サービスを成功報酬型で提供しているのである。

（４）市場浸透戦略

以上のような「立地」と「構え」を有する同社のビジネスモデルであるが，まだまだ市場に浸透しきっているとは言いがたい。不動産会社数ベースではあるが，まだ１％程度の獲得状況にすぎないのである（６万社中６百社。2023年10月末時点）。

そこで同社においては以下のような市場浸透戦略を実施，推進している。

①TV CMによるサービス認知度の向上
②特に地方エリアにおける契約者数増加のためのフランチャイズモデルの活用
③大手デベロッパーグループの住宅不動産会社向けエンタープライズプランの導入

①については首都圏を中心に，昨今，法人向けSaaS企業が多く取り組んでいるTV CM（タクシー車内広告を含む）を同社も実施しており，不動産会社からの問い合わせ増加，契約数増加に寄与している。

②は，いまだに対面コミュニケーションが重要視されている地方において，そもそもIT導入も遅れているため，対面営業の効果を期待し，西日本を中心にフランチャイジー企業を開拓し，営業効率を高めている。

最後に③は，地場密着型の不動産会社とは別に，大手デベロッパーには住宅販売に特化した不動産グループ会社があり，全国展開していることがほとんどである。これらの全国展開規模の会社向けに，その企業規模に合致したオペレーションを提案するためのプランを策定し，導入提案を実施し，すでに数社への導入が図られている。

以上のように，「構え」の浸透を図るべく，認知と成約の両面からさまざまな施策を打ち出すことで不動産会社契約者数の増加を図り，最終的には潜在住宅ローン契約者数の増加を狙い，市場への浸透を大きく図ろうとしている。

一方で，成約率を高めるためにはプロダクトの価値向上も必要である。そのために同社では積極的にデジタルテクノロジーを活用している。

具体的には，まずはペーパーレスへの取組みである。紙による住宅ローンの審査申し込みをOCR技術によって迅速にデータ化，オンライン化すること金融機関への情報連携を円滑化し，大きな業務コスト削減に役立てている。

次にいずれもビッグデータによる機械学習AIの活用であるが，１つは最適な住宅ローンの抽出と推奨のためのエンジン開発・活用，もう１つは不正検知システムで，ローンの不正利用（住宅ローン以外への資金使途抑制）の可能性が高い案件を自動的に洗い出し，オペレーターによる確認作業を効率化するために用いられている。

これらは「構え」の補強として取り組まれているだけでなく，競争優位性の構築にも有用である。現時点において競合は出現していないが，仮に競合の参入があったとしても同社のプロダクトが持つ価値に落ち着いていくことは容易ではないであろう。

5 「均整」としての同社

さて，ここまで「立地」と「構え」を見てきた。最後に「均整」の部分に触れたい。

三品（2006, 89-90頁）は「均整」について次のように述べている。

「オペレーションの議論には，必ずボトルネックという概念が登場します。生産工程がA，B，Cと順次つながっているときに，ライン全体の生産能力は，全工程のうち，もっとも生産能力が低い工程で決まってしまうという話です。そんな隘路になっている工程のことを，ボトルネックと称します。（中略）

戦略も，実は似たようなもので，最終的な有効性は，やはりボトルネックで決まります。いくら優れた立地を選んでも，いくら秀でた構えをつくっても，ほかにシビアなボトルネックが存在すればすべては台無しです。その意味で，戦略の要諦はラインバランス，すなわち均整にあると心得るべきでしょう」

同社は今まで見てきたようなビジネスモデルや提供価値実現のためのオペレーションの中でどこにボトルネックを見出したのであろうか。

同氏によれば，それはすなわち「ヒト」であり，「組織文化」であるという。同社の経営理念が「何をするかより，誰とするか」であることがまずもってそれらが代表されることであろう。創業以来，同社は組織文化の醸成に大きな時間と労力を割き，経営理念の柱の１つとして「社員ファースト経営」という「社員の幸せを一番に考える経営」を重視している。

その結果として，「働きがいのある会社」「ホワイト企業大賞」などを始めとする数々の，組織環境に関するアワードを2018年以来受賞している。そのような評価を得ている要因の1つが組織文化づくりへの注力であるが，具体的には同社の文化をまとめた冊子の制作を1年半以上かけて行い，そして全社員がこの冊子を基にした研修を受講するなどの文化の浸透を図っていることなどである。

また同社の組織文化の特徴としては同社の社内誌によれば，社員自らが選ぶ制度などには例えば，特別な休暇制度や時間単位での年次有給休暇制度，懇親会サポート，などがあるという。

この組織文化のどこをもってして，同社はボトルネックと認識したのであろうか。

同氏によれば，自身のもともとの就業体験の影響が大きいという。つまり，住宅ローンのような金融機関においては，基本的に事務的な手続きが多く，また必ずしもよい結果につながるだけでないローンの審査や債権回収業務など後ろ向きな業務が中心であり，働き手が精神的に前向きな状態で業務に取り組むことが必ずしも多くはない状況であったという。

そしてまた中途採用の社員の多くが，金融機関出身者だけでなく，いわゆるスタートアップ企業出身で，言葉を選ばずに書けば「スタートアップ疲れ」し転職活動をしている志望者だったというのである。

そのような精神状態の社員たちが健全な精神状態で，積極的に業務に取り組むことが何よりも重要であると捉え，社員がより前向きになり，そして働きがいがある環境で業務に従事できるようにすることが，同社のビジネスの成長につながり，多くの顧客に対する価値提供を推進することになると判断したのである。

言い換えれば，ビジネス上の「工程そのもの」にボトルネックを見出したのではなく，「工程を動かす」社員のマインドセットにボトルネックを見出し，そのマインドセットのポジティブネスを引き出すことが「均整」を整えるうえで，重要であると考えたということである。

規制とルールに厳しく縛られた金融業界であるから故に，職場風土，組織文化などに焦点が当ててこられなかったからこそ，逆説的に有効な，かつ有用な打ち手であり，その均整を得ることの価値があったのだと言えるであろう。

6 おわりに

（1）「立地」「構え」「均整」

以上のように同社の戦略は絶妙なバランスの上に成立していると考えてよいであろう。

まず巨大市場でありながら，圧倒的なNo.1プレーヤーがおらず，極めて分散化された市場であること。そして情報の非対称性が高い財の市場であり，かつ規制産業であること。そしてそもそも巨額のお金が動く市場の補完市場であること。そういった特徴を持つ市場において，分散しているプレーヤー同士を結び付けるという「立地」。

次にそれらを「専門家」として，知識やノウハウを集約化し，さまざまなテクノロジーも取り入れながらオペレーションの優位性を獲得しつつ，ファーストプレーヤーとしての地位を確立していること。そして獲得した顧客を通じて見込み客を日々増やしながら，それらを送客し，成功報酬ベースで収益を確保する，という典型的な累積型多層収益モデルである「構え」。

最後に，オペレーションの生産性が競争力の源泉となることを踏まえ，前述のテクノロジーへの投資もしつつ，意欲高い従業員が集まる組織を作ること。つまり，ボトルネックとなり得る社員の意識を前向きなものに変え，帰属意識が高い従業員を増やすことによる高い生産性の創出と維持という「均整」。

これらはスタートアップ企業であるからこそ成し得たものであるとも考えられるが，企業規模の大小にかかわらず，参考にすることができるのではないだろうか。

（2）課題と今後の展開

まずもって最初に６万社あるとされる不動産会社の獲得である。まだわずか１％程度しか獲得できていない状況であり，この獲得スピードの加速化が大きな課題である。

前述のようなさまざまな営業施策を講じると同時に，こういったビジネスにおいてはしばしばあることではあるが，どこかで市場の閾値を越えることができるはずである。その瞬間から一気に市場のデファクトスタンダードとしてその地位を確立できるであろう。

そこで同社が考える次なる展開の基本的な方針は「業界特化垂直型SaaS」である。つまり，住宅を扱う不動産会社に特化し，不動産会社のさまざまな悩みや埋もれているビジネスチャンスなどに特化したサービス展開を目論んでいる（**図表⑤-4**）。

これらはいずれもそもそもの立地によって獲得された顧客をベースにしたサービスの展開であり，基本的には同社にとって顧客単価の増加を狙いとしたものである。

それと同時に顧客である不動産会社にとっては業務効率化というメリットだけでなく，新たな収益機会の獲得にもつながる可能性がある。

この図の中でも，住宅ローンという巨大市場の脇には，住宅リフォームローン市場が存在する。ただし，この市場は顕在化している市場というよりも潜在

図表⑤-4 業界特化垂直型SaaSの展開イメージ

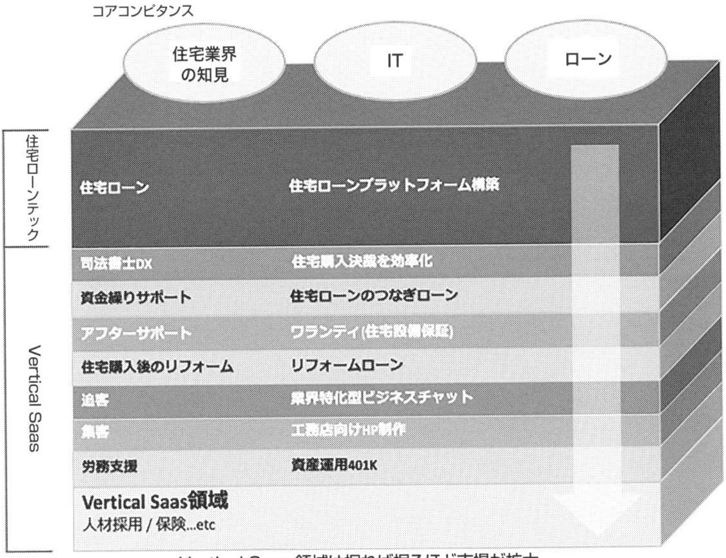
Vertical Saas 領域は掘れば掘るほど市場が拡大

出所：同社資料。

的な市場であり，またまだ消費者の間で認知が低く，あまり活用されていないローン市場でもあるが，潜在的な市場規模のポテンシャルは住宅ローン市場には及ばないまでもかなりの大きさであると考えられる。

不動産会社にとっては新たな収益機会でもあり，同社にとっては既存顧客である金融機関を同じブローカーの立場としてつなぐだけでビジネス展開を図ることが可能であるため，新たな事業展開市場としては有望な市場だと言えよう。このほかにも事業機会が不動産会社には眠っており，同社の成長余力はまだまだ十二分にあると考えられる。

Review & Discussion

① スタートアップビジネスにおける「立地」選択の重要性を考察してみよう。

② どのような「立地」がスタートアップにとってよいと考えられるのか，その要素をまとめ，重要性を考察してみよう。

③ スタートアップにとっての「構え」や「均整」を考えることの意味合い，重要性を考察してみよう。

〈参考文献・資料〉

三品和広（2006）『経営戦略を問いなおす』ちくま新書。

謝辞

本ケース作成に当たり，窪田光洋社長への複数回のインタビューをはじめ，iYell株式会社からさまざまな情報，資料を提示いただいた。ご協力に深く感謝申し上げます。

（土屋 繼）

case 6

創業手帳

起業と資金調達事情

●本ケースのねらい●

筆者が2014年４月に起業した創業手帳の事例を通じて日本の起業と資金調達事情について解説する。

創業手帳のビジネスモデルは，起業のスピードアップと成功確率の向上のため，散在している起業に関わる資源や情報をまとめ，政府データとシステム連携し，自動的かつ無料で冊子と，冊子に連動したWEB会員機能を自動的に届けるユニークなものである。

起業はすでに事業が成立している企業と比較すると解決するべき課題が多い。課題の塊を解決する行為が起業とも言える。基盤のある既存企業と違い，経営課題を「早く」「コストをかけず」「コンパクトに改善サイクルを繰り返し」「売れるサービスに進化」させないと起業は成立しない。そうしたニーズから創業手帳は生まれた。

2023年11月現在，月間訪問者数は100万人以上，累計発行部数は2,353,445部（別冊含む），登録会員数は115,357人と例のない規模の起業家メディア・起業支援プラットフォームとなっている。

※数値は部数監査を行っている業界団体のABC協会に報告・継続的に公表している。

自分自身と事業を通じて多くの起業家に接してきた経験・知見・起業の実態が，スタートアップを研究される方の参考になれば幸いである。

キーワード

スタートアップの実像，大企業の新事業と起業の違い，プロダクト開発，資金調達事情

〈会社概要〉

商　　　号：創業手帳株式会社
代　　　表：大久保幸世
設　　　立：2014年4月10日
資　本　金：1億円
本社所在地：東京都中央区京橋3－3－10
従 業 員 数：25名
事 業 内 容：起業家向けサービス，メディアの運営

〈沿革〉

2014年4月	東京都中央区で設立　社名はビズシード株式会社　「創業手帳」を発刊
2015年10月	創業手帳WOMANを発刊
2017年12月	「創業手帳」の知名度向上に合わせ社名をビズシード株式会社から創業手帳株式会社に変更
2018年6月	社団法人日本ABC協会（新聞雑誌部数公査団体）に加盟。起業専門メディアとして業界初
2018年8月	代表の大久保が内閣府法人設立手続オンライン・ワンストップ化検討会の常任委員に就任　起業の行政手続きの合理化に尽力
2018年8月	「創業手帳シリーズ」印刷版の累計が100万部突破
2018年12月	「創業手帳アプリ」をリリース　各種メディアに取り上げられる
2022年8月	毎月発刊の「創業手帳」が第100号
2022年12月	会員が10万人を突破
2023年3月	創業手帳WEB会員機能とChatGPTが機能連係補助金AIをリリース
2023年3月	補助金自動マッチングシステム・補助金AIをリリース

1　はじめに―起業の実像―

(1) 解決するべき社会課題に着目する

創業手帳は，起業した企業に対し無料で起業のガイドブックを送付するという事業を行っている。どうしてこのような事業を行うにいたったか，以下記述していきたい。

筆者（創業手帳代表）は，創業手帳の起業前にはGMOメイクショップ株式会社で取締役を務めていた。ネット通販の統合パッケージシステムを開発提供している会社である。当然，多くのECの事業者のネット販売の相談を受けるが，同時に起業や会社経営についてアドバイスせざるを得ないケースもあった。例えば会社運営や資金調達などである。そのうちに質問されることに資金や手続き，プロダクト作りなど，ある程度共通点があることに気づいた。国税庁や統計局で公開されている統計データを調べてみると，日本では平均して法人（株式会社，合同会社，税理士法人，医療法人，社団法人など法人形態の事業体）が毎月１万社前後できているということがわかった。

自分自身のミクロの実体験，ニーズを，マクロの統計で見てみるとかなり大きいことがわかった。10年前はスタートアップや起業が今ほど注目されていない時代だったが，起業が日本経済全体の成長に不可欠であるにもかかわらず，社会的な認知が進んでいないという，そんな起業分野において無料で使えるプラットフォームを構築して普及させる意義が極めて大きく，またSaaSやIT業界の経験が長い自分の強みが活かせると考えた。

こうして，起業したら困ることを先回りして一冊にまとめ無料で自動的に送る創業手帳のビジネスモデルの構想を固めた。2014年３月末に会社を退職し，翌月４月からすぐに創業手帳を開始した。

（２）「誰のどんな課題を解決したいのか」

起業においては，当然だが「起業のテーマ」，つまりユーザーのどういう課題を選ぶかが極めて重要だ。

事業では誰と取り組むかの人から入るケースの場合，ピボット（方向転換）で修正するケースもあり，また事業のその後の努力やノウハウも成功に影響するが，いずれにしてもビジネスのポテンシャル自体はテーマ，事業の目指すべき目的地で成否やスケールはまったく変わってくる。

事業のテーマ選びで大切なのは「誰のどんな課題を解決したいのか」という点である。

一般的な企業の新事業の参入の決断においては，市場規模，市場の成熟度，自社のコアになる強み，既存事業やリソースとのシナジーを勘案する。

一方で起業の場合，市場規模や成熟度などはもちろん重要だが，規模感自体が大企業ほど求められないのでニッチでも成立するケースがある。例えば大企業の場合，既存事業のスケール感と資源集中の原則からすると年間100億円の売上が望めないと成功ではないという判断もありうる。しかし，起業の場合は年間１億円でよい，というケースも有りうる。成功の尺度は事業規模に比例して異なってくる。図体が小さい分，差別化や顧客のセグメント分けがしやすいという特徴がある。また，当然ながら大企業の新事業で重要となるシナジーも存在しないと言ってよい。これは弱みとも言えるが，既存の事情のしがらみがない分，自由に事業を設計できるという強みにも転じうる。

そして，大企業の新事業参入と最も異なるのは，起業家自身の強みやモチベーションを持ち続けることができるテーマかどうかという要素だ。起業初期の場合，起業家自身＝事業体に近い。大企業の場合，プロジェクトのリーダーとメンバーの差異はあるにしても，起業家と社員の差異よりはるかに小さい。

起業家自身と社員の差異は，スキルや意思決定に関わる影響度の他，文字どおり人生を賭けているケースが多いため真剣度，切迫度，モチベーションにおいてまったく異なる。そのため，頭数以上に組織における起業家の影響が大きいのが起業の特徴だ。

起業家が強みを活かせ，かつ情熱，言い換えると集中力と継続時間を極大化できるテーマを選ぶというのが重要なポイントだ。

そして，ニーズがあるかどうかだが，「お金を払うほどのニーズがあるかどうか」も見極めるポイントになる。「あればよいかも」「ちょっとよい」程度であれば消費者は消費行動を行わない。起業テーマを決める際に，どれくらい強いニーズが存在するか，そこに購買行動が伴うかは問うべき重要なポイントになる。

起業家自身は情熱を持っている，あるいは持ちすぎているために「顧客はかならずこの製品を使うはずだ」と錯覚を起こすケースがある。情熱は成功に不可欠だが情熱は「主観」が伴い，それは起業においては大きな落とし穴になる。

主観を補正するためのユーザーヒアリングやテスト販売などでビジョンと現実感をすり合わせていく作業が必要になる。そして，すり合わせ続けていった結果，自社の製品が市場や顧客に受け入れられている状態，すなわちPMF（プロダクトマーケットフィット）の状態に到達するまでその作業は続くのだ。この現実のニーズとのすり合わせは，時間やコストをかければよいわけではなく，ある程度早い段階で検証可能な最小のプロダクトを作り，起業の初期段階でヒアリングやテスト販売を通じて修正作業を行っていくことが必要になる。創業手帳も極めて短期間にテスト用のプロダクトを作り事業のイメージ作りとともに見込み顧客の獲得を進めた。

図表⑥-1　大企業の新事業と起業の違い

要件	大企業	起業
既存事業・資源とのシナジー	重要	そもそも既存資源が無い
市場規模	既存事業と比較して相対的に意義のある規模感が必要	必要だが合格ラインは大企業に比べると低い
市場成熟度（参入時期）	やや遅れても体力で勝負できることがある	体力勝負ができない分，早期参入で市場を固める必要がある
責任者との相性	属人的な要素は起業に比べると相対的に少ない	初期は起業家＝事業の現実があり重要な要素

出所：筆者作成。

（３）創業手帳のビジネスモデル・マネタイズ

起業初期の実務的な知識のニーズがあるとはいえ無料でガイドブックを送るという仕組みがそもそもオペレーションとしてできるのか，またマネタイズの仕組みはどうするのか，という課題があった。

そもそも「顧客としての起業家」は潤沢な資金がない。豊富な資金を持つユーザーを囲い込むという意味でのターゲット選定ではやや難しいマーケットと言えるかもしれない。

一方で起業家はその存在自体が希少でありアプローチしたい会社が存在することも確かである。そのため資金力の少ない起業家サイドは無料にし，その起業家に役立つ商品を提供するベンダーとの出会いで資金を提供するモデルを選択した。

リボンモデルというマッチング型の形態であり，例えば人材紹介サイトなどはこうしたビジネスモデルを選択しているサービスが多い。

無料サービスにして広告で回収する，というビジネスモデルは人材サービスや多くのインターネットポータル（Googleやヤフー）などでは実は一般的なビジネスモデルでもある。こうした意外性をついた手法は競合が少なく，初期の立ち上げで重要になる知名度と知名度累積の結果としての信用を獲得しやすい。

なお，「斬新なモデルは独占しやすいが普及・啓蒙のコストがかかる」ということも付記しておきたい。新しいビジネスモデルは注目を浴びやすく，独占しやすいため羨ましがられるが，創業手帳のように他に同種のビジネスが見当たらないビジネスモデルのケースは，一部の業界の事情がわかっている方には深く共感，即座に理解していただいたが，この分野に詳しくない方に説明して理解していただくには相応の時間がかかった。斬新で創造的なビジネスモデルや事業形態は，成功すると先駆者的な存在として独占事業となれる反面，業界が存在しないため普及や啓蒙に時間がかかるという特徴がある。

図表⑥-2　既存の市場か未開の市場の比較

	メリット	デメリット	向いている
既存のビジネスモデル・既存市場への参入	・ニーズが読める ・市場が確立している ・ノウハウや人材が存在する	・競合が多い ・先発企業が市場を固めている ・目立ちにくい	・体力勝負を仕掛けられる
未開の市場 まったく新しいビジネスモデル	・競合が存在しない ・成功すると市場を独占できるケースがある ・注目を浴びやすい	・そもそもニーズが存在しない可能性がある ・理解されにくい ・人材や供給の市場が存在しないので自ら構築する必要がある	・新しい市場を創出する創造性 ・概念の構築能力

出所：筆者作成。

マネタイズ・お金の出し手については，自分自身の経験と把握しているニーズから仕組みを作った。もともと，自分自身がBtoB業界に長くいたため，BtoBの新規アカウント獲得の大変さを熟知していた。

BtoBでかつ市場を握りたい会社にとっては新たな顧客が生まれる起業家層は戦略的に落としてはならない重要な市場になる。

営業する具体的な顧客（会計ソフト，銀行など）を具体的に想定し，広告商品として必ず契約するであろうサービス，価格をニーズから逆算して設定した。言い換えると「自分がBtoBのマーケティングをしていて欲しい商品」を作ったとも言える。

そのため当初から大手企業が多数スポンサーに付くことになり資金面，信用面でのアドバンテージを獲得することができた。スポンサーは信用力の低い中小メーカーではなく，最初から信頼性と市場の大きい大手に絞ったことも初期の営業の成功の要因であろう。

（4）創業手帳のプロダクト作り

創業手帳は起業家の欲しがる情報を常に最新の状態にアップデートして紙媒体にまとめ，有料課金モデルを取らずに法人登記に対して全量送付するという方法にこだわった。

登記簿情報に基づいてガイドブックを送付する仕組みだが，本は大量生産し，一方通行のロジスティクスにすることでコストを劇的に下げることに成功した。印刷費用は一定の規模までは規模の経済が働きやすく，数量を確保することがポイントになる。

有料で売り込み代金を回収すると部数が減りかつ，回収のためのオペレーションの費用が必要になる。そのため一部当たりコストがむしろ上がり事業が成立しにくくなるので，コストを極小化した方が利益が出る，というのがこのビジネスモデルのユニークなポイントだ。

事業モデルを構築する際に，「付加する」方向に走りがちだが，何かを「捨てる」「単純化する」ことも重要だ。特に絞り込みが重要になる起業においては成功の鍵となる。創業手帳の場合，捨てたのは「ユーザーからの費用の回収」であり，一方通行で送ることでオペレーションを単純にしてコストを劇的に引き下げた。

また，決まった印刷数を毎月安定的に大量に生産し，ほぼ全量を消費する在庫マネジメントも作り上げた。こうして創業手帳はコストと損益分岐点を引き下げ，広告のみで事業が成立する状況を作ることができた。

（5）創業手帳のDX：デジタルマッチングへの移行

その後，事業が拡大し事業は黒字化したが，2020年から始まったコロナ禍により紙媒体の営業活動が難しくなった。

これを機会に，固定費広告モデルから，資料請求に応じた従量課金での商品の自動マッチングモデルに切り替えた。会員登録時に会員登録のデータに応じて最適な商品を推奨する協調フィルタリングという仕組みを自社で開発し導入した。

その結果，マネタイズ手段である広告の有効性が増し，同時に運営にかかる人的労力を軽減することに成功した。

（6）初期と存続後の生存率の違い

起業直後，特に最初の3年は激しく淘汰が行われる時期である。

起業自体の難しさもあるが，テスト的に始めて様子を見ているケースもある。

この時期は事業の構築と同時に，顧客と信頼の獲得，キャッシュの確保をスピーディに行う必要がある。

数字を見る際に注意を要するのが，一定期間生き残って基盤ができると，それ以降は会社が廃業しにくくなるということだ。

いかに初期のフェーズを早く抜けて土台を確立するかが重要である。

なお，2022年の休廃業は 53,426件で，うち倒産は6,376件になる（帝国データバンク 2022）。

つまり，廃業の中でも倒産は少ないことがわかる。

また「黒字」休廃業は54.3%を占める（帝国データバンク調査）。

また解散登記ではなく，休眠届から自動的に登記抹消されるケースが実務的には多い。倒産と廃業の違いだが，倒産は買掛金・銀行借入の未決済によって引き起こされる。

廃業とは単に登記を抹消することだ。例えば会社は実際には事業を始めたが，大きく成功も失敗もせずに会社をたたむケースもある。また事業自体は軌道に乗っているが，事業主のモチベーションや後継者の不在などで廃業するケースもある。倒産の方がレアケースであるものの影響が大きく，報道されること，ドラマチックであるため印象に残りやすく，ドラマや漫画など創作物でも用いられやすいということがある。そのため，劇的な倒産というイメージが大衆的な起業の先入観として刷り込まれやすい。

起業すれば廃業やM&Aなども当然あることだ。廃業自体は「割りとよくあること」で喜ばしくはないが，イコール倒産や個人破産のような悲惨なものを意味するわけではない，ということも起業の実像を理解するために理解しておいた方がよいだろう。

2　起業の資金調達

創業手帳のビジネスは開始前から知見もあり，ニーズの確信もあったものの，量産化というコンセプト上，最初から一定の規模が求められるビジネスであった。そのため最初から日本全体というスケール感で始める必要があり，手元資金以外の資金調達が必須だった。

（1）創業手帳の資金調達：特徴的だったのは「顧客からの資金調達」

まず，自分自身の自己資金だけでは費用としては不足していた。そのため必要分を資金調達する必要があった。

そこで，日本政策金融公庫や信用保証協会などの公的資金を活用した。こうした無担保の公的融資は広く制度として開かれており，エクイティ調達に比べると門戸が広い。また企業の評価額が低い時期に調達しなくて済んだため，自分の持ち株比率を高く維持することができた。

また，後に著名な起業家のエンジェル投資やVC投資も一部受け入れた。

こうしたエクイティ調達はネットワークを広げる効果があったほか，自己資本が増えるためより積極的な投資をすることが可能になった。

しかし，創業手帳でユニークかつ最も有効性を発揮したのは「顧客からの資金調達」だ。

つまり顧客サービスの年払い前受金による資金調達だ。

エクイティ調達は初期の頃は企業の評価額が低い。そのため株を放出しない資金調達方法を選択した。プロダクトの実現力や営業力には自信がある。一方で株のシェアにはこだわる必要のある起業家にとって，選択肢に入れておいたほうがよい資金調達方法だろう。

この方法は一般的にはまだ認知度が低い。また，売上の支払形態に類する行為なので一般的にはファイナンス手法と見られていないが，実践的な方法だ。

例えば1年分の費用を前払いで集めるという方法は，前職のGMOメイクショップや楽天，リクルートの創業期など，IT業界ではサブスクリプションモデル（カードによる自動月額課金）に次いで比較的使われている。

1年分の資金を前払いで一括で調達することで，キャッシュフローを確保できる。それによって，さらなるデットやエクイティなどでの資金調達が不要になる。その分，本当の資金調達を有利に進めることができるというメリットもある。

会計的には前受金・負債に相当するので，あえて分類すると負債・デット調達になるが，実質的に利子がつかないためキャッシュフロー上はプラスになる。

もちろん良質なプロダクトを実現して，継続的に提供できることが前提であり，その分，営業やマーケティングの難易度は上がる。ただ，長期で腰を据えて事業を運営できることや，その間の解約率がゼロになるなどメリットが大きい。あまりにも認知されていないので，選択肢の1つとして認識しておくことを勧めたい。

（2）起業時期の資金調達はなぜ必要なのか？

そもそも起業時期の資金調達は必要なのだろうか？

大型資金調達自体がゴールとなっている「調達ゴール」の風潮もなくはないが，それでは本末転倒である。出資でも融資でも事業を成功させてリターンを返すことが目的になる。事業成功という目的のための重要な手段が資金調達である。

しかし，起業においては「資金は当然不足するもの」なので，そのために資金調達は実施する，しないにしても起業する際に必ず知見を持っておくべき分野である。

資金調達する理由はいくつかに分けられる。まず，起業という行為自体，ベースが無いところから事業を構築するための「初期投資」が必要になる。また売上から入金までの「運転資金」が必要になる。すでに回っているビジネスと違い，こうした初期投資や運転資金を用意することが必要になる。

また，起業という行為そのものが本質的に不確定性が高いため，事業上の計算違いということも現実に高い確率で起こる。

創業手帳が行ったアンケート調査では，事業開始の予測よりも費用がかかったという回答が66%を占め，平均して114万円コストが予想より多かったと回答している（創業手帳株式会社 2017）。

また，競争が激しくシェアを取り合っている分野では「時間を買う」という考え方もある。通常の売上の余剰利益での自然な成長ではなく，エクイティ調達で巨額の資本調達をして急激な成長を目指し，基本的にIPOで株の売り出しをして投資を回収する考え方である。ほかにも資金調達には仲間を作る，事業の計画を精緻にするなどの効果もある。

（3）開業の必要資金は年々低下している

起業において資金調達は重要だが，起業に必要な資金額自体は年々低下している。これは設備投資が少ない産業が増えたことが原因だ。開業資金の低下と資金調達方法の多様化，スタートアップの社会的認知の向上で，ますます起業しやすい時代になってきたと言えるだろう。

図表⑥-3　開業の必要資金の推移

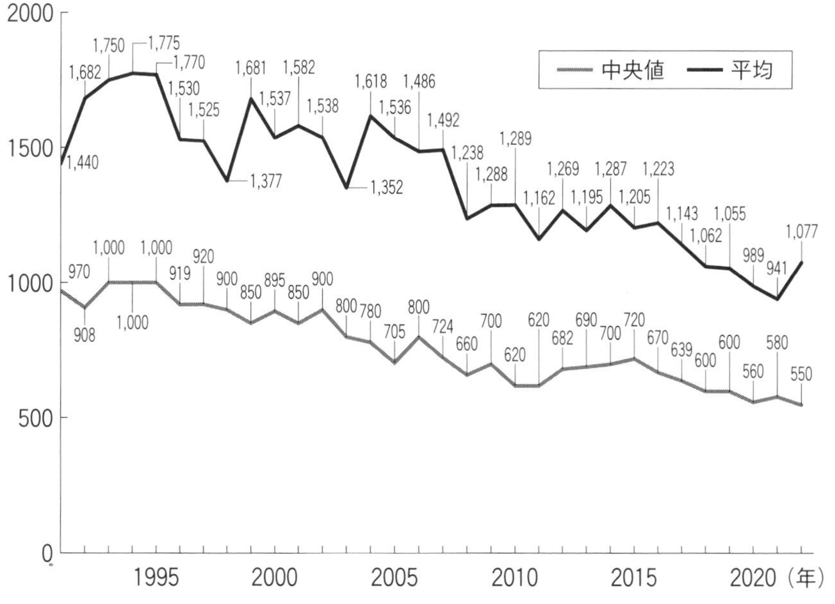

出所：日本政策金融公庫総合研究所（2022）を基に創業手帳作成。

（4）起業の資金調達方法

では，どういった資金調達方法があるのか整理してみたい。

日本の起業環境においては公庫，信用保証協会などの低利息・無担保の資金調達手段が充実している。海外ではエンジェル投資やVCなどからの資金調達を前提にした手法が多いが，日本の起業家は日本の起業環境の強みを活かすべきだ。

ニュースをにぎわせている大型の資金調達は，起業直後の時期には，あまり縁がないと思ったほうがよい。ある程度ステージが進み成功が見込める上場手前，レイターステージなどで事業会社・CVCなどから大型の資金が入る傾向がある。近年，その傾向はますます加速している。

創業手帳のユーザーアンケートでは，興味のある資金調達について下記のような回答が得られている。いわゆるエクイティ調達系のスタートアップと融資で伸ばすデット調達系の資金調達に分かれ，日本ではデット系の資本調達が多いことがわかる。

図表⑥-4　解説：創業手帳のアンケート：2023年10月　興味のある資金調達方法

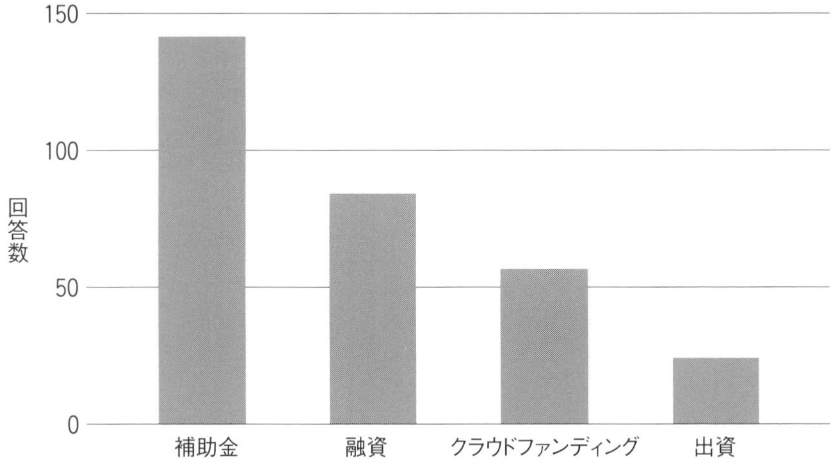

出所：創業手帳（2023）を基に創業手帳作成。

（5）大型化するエクイティの資金調達

現在スタートアップへの資金流入は第三者割当増資で未上場株式での資金調達，いわゆるエクイティ投資が牽引している。

特に昨今のスタートアップ投資の背景として，政府のスタートアップ分野への資金流入と投資の優遇，そして大企業の利益剰余金（内部留保）が積み上がっていることが大きな背景としてある。

なぜ，企業の利益剰余金が，スタートアップ投資と関連があるのか。

大企業は日本という成熟市場を基盤にしており，今後の人口減少を見据えると労働者の積極的な賃上げ・設備投資はしにくい状況にある。また組織の硬直化や，海外に比べて厳しい解雇規制や働き方改革の中で，スタートアップのような新事業創造が難しくなってきている側面もある。

そのため，自社ではなくスタートアップ投資を行ったり，新分野に投資したりという形で進出する，もしくは新分野の知見や情報を得たいというニーズが大企業サイドにある。

そのためVCへのLP出資，事業会社からの投資，CVCという形で大企業がスタートアップへの資金注入の担い手になっている。

しかしそうなると，大企業が投資できるのはリスクが少なく，ある程度成功してきたスタートアップが中心になる。

そのため，投資件数は横ばいながら，投資総額・平均額が上がってきている。これはレイターステージ，IPO手前の会社に資金が集中していることを表している。シード投資などでスタートアップの裾野が広がっているというより，一部の人気銘柄に資金が集中している現状がある。一部では，ポテンシャルに対して株価が上がりすぎるオーバーバリュエーションの問題も生じている。オーバーバリュエーションになると未上場時の株価よりIPO時に株価が下がるため逆に上場しにくくなる，また次の資金調達がしにくくなるなどの弊害もある。

資金供給に対して，スタートアップの裾野が広がっていかないと長期的にスタートアップは根付いていかない。起業の母数や人材を育成してスタートアップの裾野を増えていくことが重要だ。

投資のゴールの１つであるIPOは増加傾向になる。今後米国並みにM&Aでのイグジットも増加していくと予想される。

図表⑥-5　企業の利益剰余金（スタートアップのLP投資の源泉）の推移

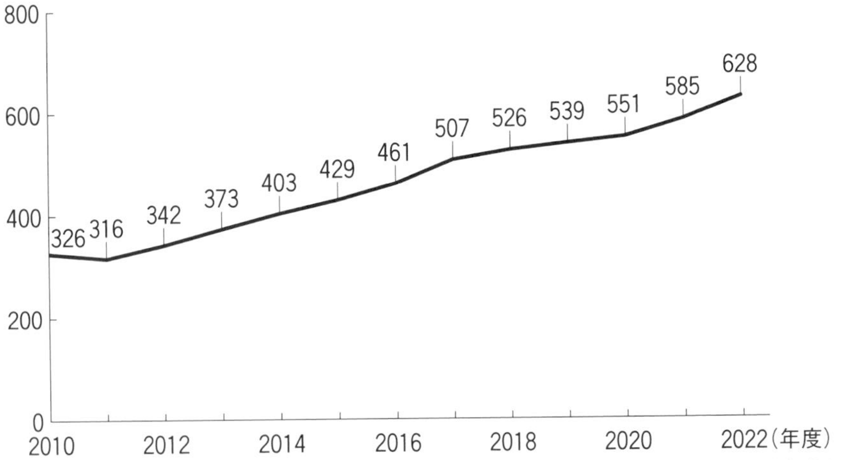

出所：財務省法人企業統計（https://www.e-stat.go.jp/dbview?sid=0003061945）を基に創業手帳作成。

図表⑥-6　統計：スタートアップ投資の推移

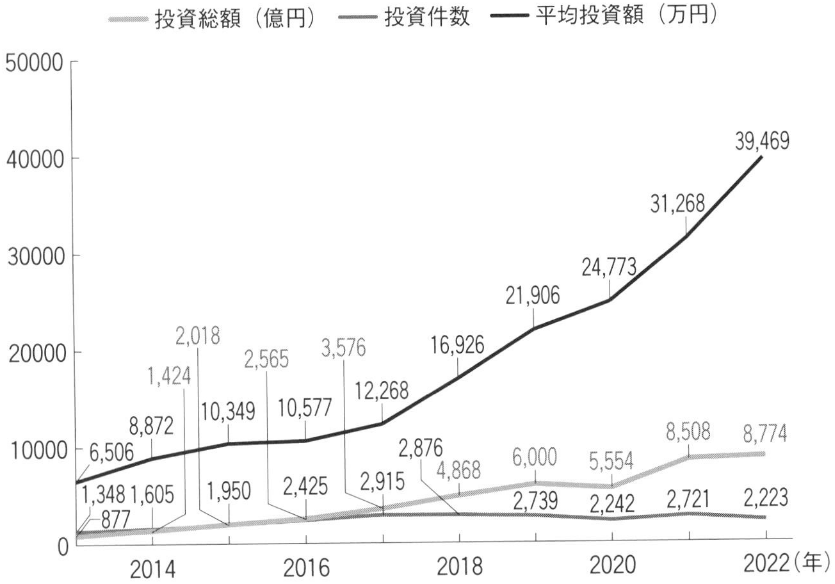

出所：日本ベンチャーキャピタル協会（2022）を基に創業手帳作成。

図表⑥-7　上場企業数の推移

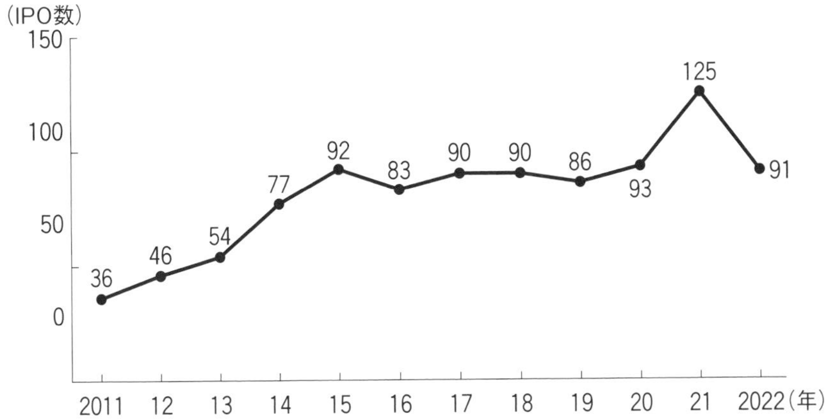

出所：東京証券取引所公表値を基に創業手帳株式会社作成。

3　おわりに

本ケースは，創業手帳の実際の経験と，事業を通じて得た起業の実態を解説した。

創業手帳を通じて読者のヒントになればと思うのは下記のポイントである。

①スタートアップ自体は開業資金は下がり，資金調達の手段は多様化し，ハードルが下がり続けているということ。

②マネタイズの仕方，ビジネスモデルの作り方次第で新しい市場が開拓できる可能性があること。

③日本全体の起業家を網羅しかつ無料で実現するサービスという一見，公的機関でなければできないような規模の事業も，技術やスピード，民間資金を使える一民間企業でも，あるいはスタートアップだからこそ実現できたということ。社会課題を解決するような規模の大きいビジネスに取り組もうとしている方にとって，創業手帳がチャレンジして一定の成果を残したことがもし勇気づける材料になれば幸甚である。

創業手帳が経験したことのシェアがスタートアップの研究者と，多くの志のある方の起業・スタートアップの気づきになれば幸いである。

Review & Discussion

① 自分自身がもし開業する場合どこからいくら資金調達するか考えてみよう。
② 起業で成功する要因は何かを考えてみよう。
③ 今後のスタートアップの資金調達事情はどう変化していくか考えてみよう。

〈参考文献・資料〉

財務省（2023）「財務省法人企業統計」。
創業手帳株式会社（2017）「起業後の予想外の出費に関する調査」。
創業手帳株式会社（2023）「起業の資金調達調査プレスリリース資料」（10月）。
中小企業庁（2023）『中小企業白書2023年版』。
帝国データバンク（2022）「全国企業『休廃業・解散』動向調査（2022年）」（https://www.tdb.co.jp/report/watching/press/pdf/p230106.pdf）。
日本政策金融公庫総合研究所（2022）「2022年度新規開業実態調査」（https://www.jfc.go.jp/n/findings/pdf/kaigyo_221130_1.pdf）。

（大久保 幸世）

キーワード索引

「スタートアップビジネス」を学ぶ上で重要となるキーワードについて，本書において解説している章・ケース番号を示しています。詳しく知りたい，復習したいキーワードがあれば，本索引をご活用ください。

著者紹介（執筆順）

藤岡　資正（ふじおか・たかまさ）　担当：第1章

明治大学専門職大学院グローバル・ビジネス研究科専任教授

英国オックスフォード大学サイード経営大学院博士課程修了（DPhil in Management）。

ノースウエスタン大学ケロッグ経営大学院客員研究員，チュラロンコン大学サシン経営大学院エグゼクティブ・ディレクター・MBA専攻長などを歴任。現在，アジア市場経済学会長，サシン日本センター所長，NUCB客員教授，早稲田大学大学院経営管理研究科客員教授，神姫バス社外取締役などを兼務。著書・共著に“Thailand-Plus-One strategy”, *FIIB Business Review*（Elsevier），『新興国市場と日本企業』，『日本企業のタイプラスワン戦略』，『持続可能な経営と中小企業』，『タイビジネスと日本企業』ほか多数。

狩谷　真治（かりや・まさはる）　担当：第2章

明治大学専門職大学院グローバル・ビジネス研究科兼任講師

明治大学専門職大学院グローバル・ビジネス研究科修士課程修了（MBA）。

デロイトトーマツ ベンチャーサポート株式会社　Business Produce事業部　事業部長補佐

大学卒業後，大手証券会社へ入社。事業会社の資産運用および事業継承などを担当。その後，株式会社リクルートにて経営企画，新規事業開発担当として従事。新規事業を立ち上げ，プロダクトオーナーとして，事業立案から運営・マネジメントまで全てを担当。2022年5月より，HR事業立ち上げのためデロイト トーマツ ベンチャーサポート株式会社に入社。現在に至る。

王　　京穂（おう・きょうすい）　担当：第3章

明治大学専門職大学院グローバル・ビジネス研究科専任教授

東京工業大学理工学研究科経営システム専攻修士課程修了。修士（経営システム）

1984年東京工業大学経営工学科卒業。1986年同大学院修士課程修了。北京のインベストメントバンク勤務後，日本興業銀行（現みずほ銀行）に入行。興銀第一ファイナンシャルテクノロジー，NTTデータ等を経て，2004年より本研究科准教授，2010年より現職。2012年に米国ラトガス大学客員研究員，中国清華大学客員研究員。主な著作に「ファミリービジネスにおける資本増強の視点」『ファミリービジネス：MBA講座』（共著，同文舘出版，2019年）。

池田　義典（いけだ・よしのり）　担当：第4章（第1～3，8節）

明治大学専門職大学院グローバル・ビジネス研究科特任教授

ハーバード大学ロースクール修士課程修了。法学修士（LL.M.）

早稲田大学卒業後，国税庁に入庁。税務署長，国税局部長，税務大学校総務課長，ジョージタウン大学ローセンター客員研究員，国税庁国際業務課長，国税庁調査課長，沖縄国税事務所長等を歴任。2020年10月から辻・本郷税理士法人顧問。2022年4月から現職。主な著作に「税務CGについて－経緯及び環境変化（サステナビリティ/ESG，情報開示の要請等）も踏まえて」『租税研究』第889号,118-122頁，“Good faith in domestic and international tax law,” *Cahiers de droit fiscal international 107*（*B*）（IFA: pp.443-460, 2023），ほか多数。

鈴木　孝直（すずき・たかなお）　担当：第４章（第４～８節）
明治大学専門職大学院グローバル・ビジネス研究科専任教授
慶応義塾大学卒業後，国税庁に入庁。税務署長，長崎大学経済学部・同研究科助教授，国税局部長，OECD租税委員会シニア・タックス・アナリスト，国税庁調査課長，国税庁法人課税課長，税務大学校研究部長等を歴任。2018年８月から2020年８月まで税理士試験委員。ハーバード大学国際租税講座修了。2021年４月から現職。主な著作に『基本テキスト租税法』（共著，同文舘出版，2021年），「税務に関するコーポレートガバナンスの更なる充実に向けて－企業と税務当局の協働の視点から」『租税研究』第888号, 322-330頁，ほか多数。

山口不二夫（やまぐち・ふじお）　担当：第５章
明治大学専門職大学院グローバル・ビジネス研究科専任教授
東京大学経済学部，同大学院第二種博士課程，経済学博士（東京大学）。
神奈川大学経済学部専任講師・助教授，青山学院大学専門職大学院国際マネジメント研究科助教授・教授を経て，2004年から現職。
主な著作に『日本郵船会計史　財務会計篇』『同　管理会計篇』（日本会計史学会賞・白桃書房），『企業分析』（共著，白桃書房），『日本のビッグビジネス本田技研・三菱自動車』（共著，大月書店），『日本の新会計基準』（共編著，東京教育情報センター），『内部留保の研究』（共編著、唯学書房）ほか多数。

首藤　明敏（しゅとう・あきとし）　担当：ケース①〔本書編集責任者〕
明治大学専門職大学院グローバル・ビジネス研究科専任教授
博士（経営管理）。一橋大学卒業後，（株）博報堂でマーケティングプラニング業務に従事，慶應義塾大学大学院経営管理研究科修了，IESE国際プログラム単位取得後，（株）博報堂ブランドコンサルティング（現博報堂コンサルティング）を創業，同社代表取締役社長を経て，2016年より現職。早稲田大学大学院経営管理研究科非常勤講師兼任。著書，共著書に，『図解ブランドマーケティング』，『サービスブランディング』，『実践ＢｔｏＢマーケティング』，『ぶれない経営』，『経営はデザインそのものである』，『顧客ロイヤルティの時代』，ほか多数。当校教授陣による『ファミリービジネス:MBA講座』の編集責任者。

戸谷　圭子（とや・けいこ）　担当：ケース②
明治大学専門職大学院グローバル・ビジネス研究科専任教授
博士（経営学）。日本学術会議会員（第一部）。ストックホルム商科大学欧州日本研究所客員研究員。都市銀行，コンピュータ会社を経て，1999年に㈱マーケティング・エクセレンスを設立（現 マネージング・ディレクター）。同志社大学等を経て，現職。現在，キュービーネットHD㈱，㈱新日本科学，㈱肥後銀行の社外取締役。ISO TC159/SC1/WG5エキスパートをはじめ,サービス関連の委員を多数兼任。著作に『B2Bサービス化戦略　製造業のチャレンジ』（共著，東洋経済新報社，2020年），“Servitization and the green economy,” *Research Handbook on the Green Economy*（Edward Elgar: pp.141-159, 2024），ほか多数。

安達　幸裕（あだち・ゆきひろ）　担当：ケース③

明治大学専門職大学院グローバル・ビジネス研究科特任教授

一橋大学大学院法学研究科修士課程修了。法学修士，MBA，MOT取得。政府機関勤務を経て2020年３月まで三菱ＵＦＪリサーチ&コンサルティング（株）勤務。長年多数の企業経営支援に従事し，コンサルティング事業本部執行役員を退任。2020年４月より現職。複数企業で社外役員兼務。

主な著作に『ファミリービジネス：MBA講座』（共著，同文舘出版，2019年），『経営のルネサンス』（共著，文眞堂，2017年），『業績浮上のカギはチーム力にある 変貌するチームリーダー―30～40歳代のためのチームリーダー論』（ダイヤモンド社，2010年），ほか多数。

沼田　優子（ぬまた・ゆうこ）　担当：ケース④

明治大学専門職大学院グローバル・ビジネス研究科専任教授

東京大学経済学部卒，一橋大学大学院国際企業戦略研究科博士後期課程修了，博士（経営）。野村総合研究所，NRIアメリカ，野村資本市場研究所，野村證券，明治大学国際日本学部，帝京平成大学を経て2023年より現職。いちよし証券社外取締役。日米の金融機関の経営戦略を研究。

主な著作に『IFAとは何者か: アドバイザーとプラットフォーマーのすべて』（共著，金融財政事情研究会，2020年），『図解 米国金融ビジネス 金融先進国に学ぶ事業再編のヒント』（東洋経済新報社，2002年），ほか多数。

土屋　　繼（つちや・けい）　担当：ケース⑤

明治大学専門職大学院グローバル・ビジネス研究科兼任講師

慶應義塾大学経済学部卒業，慶應義塾大学大学院経営管理研究科修士課程修了（MBA）。A.T.カーニーを経て，1999年よりベンチャー業界に従事し，２度のIPOを経験。東証プライム上場サイボウズ株式会社子会社代表を経て，2011年よりインテリア業界に転身し，総合内装会社の代表取締役に就任。2014年に博報堂の傘下に入り，2016年６月に退任。再びスタートアップ界隈に復活し，2018年に黒鳥社を共同創業。その後，創業50年の日本サイン，DX・事業再生コンサルティングのKT Partnersの代表を兼ねながら，スタートアップ育成，事業再生にも関わりつつ，その傍ら社会人大学院教育にも従事する。

大久保幸世（おおくぼ・こうせい）　担当：ケース⑥

明治大学専門職大学院グローバル・ビジネス研究科兼任講師

2001年外資系保険会社に入社。ネット，新聞での通販，代理店のコンサルティングなどに携わる。ビジネスプロフェッショナル賞等を受賞。2005年株式会社ライブドア入社後は代理店営業責任者やコンサルティングチームのリーダー等を歴任。2007年より株式会社メイクショップ（GMOグループ）入社後，同社の企画，ECアドバイザー，新規営業，法人営業，業務支援，地方支社などを自ら立ち上げる。2014年IT業界のキーマンを集め，ビズシード㈱を創業。代表取締役に就任。日本の全ての創業者に配布される「創業手帳」を創刊。

【編者紹介】

明治大学ビジネススクール（専門職大学院グローバル・ビジネス研究科）平日夜間，休日等のフレキシブルな科目設定により，経営管理修士（MBA）を養成する専門職大学院。校舎は神田御茶ノ水の明治大学駿河台キャンパス内のアカデミーコモンにある。ファミリービジネス発展のための経営者，後継者及びサポート人材，新規事業や第二創業を含むスタートアップビジネス及びイノベーションを担う人材，アジアを中心としたグローバルな視点を持つジェネラルマネージャー等のビジネス・プロフェッショナル人材の養成をミッションに掲げている。2018 年には，経営系大学・大学院の国際認証機関EFMD からEPAS認証（現・EFMD Accredited）を日本で初めて取得し，2024年現在，２度目の更新を果たしている。《https://www.meiji.ac.jp/mbs/》

2024年６月25日　初版発行　　略称：スタートアップ

スタートアップビジネス：MBA講座

編　者　Ⓒ　明治大学ビジネススクール

発行者　中　島　豊　彦

発行所　同　文　舘　出　版　株　式　会　社
東京都千代田区神田神保町1-41　〒101-0051
営業（03）3294-1801　編集（03）3294-1803
振替 00100-8-42935　https://www.dobunkan.co.jp

Printed in Japan 2024

製版　一企画
印刷・製本　藤原印刷
装丁　オセロ

ISBN978-4-495-39087-7